Nina Stögmüller
Mein Raunächtetagebuch

Impressum

Bibliografische Information der Deutschen Nationalbibliothek
Die Deutsche Nationalbibliothek verzeichnet diese Publikation
in der Deutschen Nationalbibliografie; detaillierte bibliografische
Daten sind im Internet über http://dnb.d-nb.de abrufbar.

2. Auflage 2017
© 2016 Verlag Anton Pustet
5020 Salzburg, Bergstraße 12
Sämtliche Rechte vorbehalten.

Lektorat: Marlene Kühn
Grafik und Produktion: Nadine Kaschnig-Löbel
Coverbild und Vogelgrafik: chronicler/www.shutterstock.com
Illustrationen: Nicoletta Edwards
gedruckt in der EU

ISBN 978-3-7025-0843-2

www.pustet.at

Nina Stögmüller

MEIN RAUNÄCHTE-TAGEBUCH

VERLAG ANTON PUSTET

INHALT

DIE RAUNÄCHTE   8

    Zeit zum Träumen
    Die Mutter der Raunächte
    Glücksblicke
    Speisebräuche in den Raunächten
    Eine mystische Zeit

WINTERSONNENWENDE (21. DEZEMBER)   18

    Lichtblicke im Innen und Außen
    Liebesorakel am Thomastag
    WO DIE LIEBE HINFÄLLLT

MEINE ERSTE RAUNACHT ERZÄHLT (24./25. DEZEMBER)   24

    Frohe Weihnachten!
    Das Leben ist ein Geschenk
    Geschenke annehmen
    MEIN SCHÖNSTES WEIHNACHTSGESCHENK
    DAS RIESENGESCHENK

MEINE ZWEITE RAUNACHT ERZÄHLT (25./26. DEZEMBER)   38

    Stefanitag
    Eine Zeit zum Innehalten
    Raunachtsgenuss
    EIN RAUCHFANGKEHRER AM STEFANITAG
    EIN FROSCH KAM IN DIE KÜCHE

MEINE DRITTE RAUNACHT ERZÄHLT (26./27. DEZEMBER)   46

    Was möchte ich in meinem Leben loslassen?
    Worauf möchte ich mich künftig mehr einlassen?
    Was kann ich (noch) nicht zulassen?
    VON EINER DIE AUSZOG, DAS LOSLASSEN ZU LERNEN
    DAS GESUNDE TREPPENHAUS

MEINE VIERTE RAUNACHT ERZÄHLT (27./28. DEZEMBER)   58

Tag der unschuldigen Kinder
Einmal annehmen, bitte!
DER KÖNIG UND SEIN SPIEGELBILD
EINMAL REGENWETTER, BITTE!

MEINE FÜNFTE RAUNACHT ERZÄHLT (28./29. DEZEMBER)   70

Gesundheit hinterfragen
Gewohnheiten beleuchten
DIE GRÜBELLIESEL
DIE STADT DER TÜRME

MEINE SECHSTE RAUNACHT ERZÄHLT (29./30. DEZEMBER)   80

Was bedeutet Glück für Sie?
Glücksbringer selbst machen
DIE GLÜCKSELFE
DER HASE UND SEINE BLUMEN

MEINE SIEBTE RAUNACHT ERZÄHLT (30./31. DEZEMBER)   90

Räuchern, wie geht das?
Orakel am Silvestertag
Vergeben ist Segen
VERGESSEN UND VERGEBEN!
DER LEBENSTEPPICH

MEINE ACHTE RAUNACHT ERZÄHLT (31. DEZEMBER/1. JÄNNER)   98

Wünsche über Wünsche
DER PERFEKTE NEUJAHRSTAG
DER STEIN, DER EIGENTLICH EIN BAUM SEIN WOLLTE

MEINE NEUNTE RAUNACHT ERZÄHLT (1/2. JÄNNER)   110

Das Leben ist Veränderung
Jeder Tag ist ein neuer Anfang
DER KÖNIG DES WISSENS
DER INNERE SCHWEINEHUND

MEINE ZEHNTE RAUNACHT ERZÄHLT (2/3. JÄNNER)   120

Lebenslanges Lernen
Stressmuster
MACH DEIN LICHT AN!
HERR STRESS UND FRAU ZEIT

MEINE ELFTE RAUNACHT ERZÄHLT (3/4. JÄNNER)   128

Auch das kleinste Dankeschön ist ein Gebet
Danke, dass es uns gibt!
Ich mag mich! Mag ich mich?
DIE UNDANKBARE PRINZESSIN
DIE HEILIGE BANANENBLÄTTERSTAUDE

MEINE ZWÖLFTE RAUNACHT ERZÄHLT (4/5. JÄNNER)   142

Frau Percht sieht nach dem Rechten
Licht und Schatten
DER TRAURIGE GÄRTNER
DER WUNSCHBAUM

DREIKÖNIGSTAG (6. JÄNNER)   152

Abschluss der heiligen Zeit
Segensreiche Frauen
DER STERN DER STERNE

Liebe Leserinnen und Leser!

Seit dem Jahr 2012 begleiten mich die Raunächte auf ganz besondere Weise, denn in diesem Jahr entstand mein Lese- und Märchenbuch „Raunächte erzählen". Die Idee damals war, ein Buch zu schreiben, das den Menschen die Raunächte wieder näherbringt und das mit den Märchen für raunächtlichen Lesestoff sorgt. Das Buchprojekt ist so gut angekommen, dass mein Erstling „Raunächte erzählen" mittlerweile in mehrfacher Auflage erschienen ist. Immer wieder bekomme ich Rückmeldungen meiner Leserinnen und Leser und dieses Feedback war es auch, das mich dazu motivierte, „Mein Raunächtetagebuch" ins Leben zu rufen.

Das Führen eines Tagebuches zählt für mich in den Raunächten zu den wichtigsten modernen Bräuchen. Das geschriebene Wort lebt weiter und zeugt von unseren Erfahrungen und Ideen in einer Zeit, in der wir uns selbst noch näher kommen können als sonst im Jahr. Intuition, Reflexion und Innenschau. All diese Prozesse brauchen Zeit und Ruhe. In den Raunächten können wir die Zeitqualität dazu nutzen, um uns selbst einen Spiegel vorzuhalten und tiefer in uns hineinzuschauen als sonst. Das alte Jahr noch einmal Revue passieren lassen, bevor wir es verabschieden und das neue Jahr planen, erspüren und uns darauf einlassen. Die Vorstellungskraft ist eine wichtige Gabe, die uns ermöglicht, Neues zu schaffen und uns auf Veränderungen einzulassen. Diese Vorstellungskraft kann auch dabei helfen, das neue Jahr vorauszuplanen, sich gefühlsmäßig auf eine gute Zeit einzustellen und positiv in die Zukunft zu blicken.

Ich wünsche Ihnen eine schöne und besinnliche Zeit in den Raunächten!

Ihre Nina Stögmüller

P.S.: Die stimmungsvollen Illustrationen laden nicht nur zum Betrachten, sondern auch zum Aus- und Weitermalen ein!

DIE RAUNÄCHTE
BEGLEITER AUS ALTER ZEIT

Wie lange es die Raunächte schon gibt, kann nicht mit einer Jahreszahl beziffert werden. Und das passt auch gut zu dieser besonderen Zeitspanne, die sich so gar nicht einordnen lassen will. Die Türen zur Anderswelt stehen weiter offen als sonst im Jahr, heißt es. Für mich bedeutet das auch, dass die inneren Pforten in unser Unterbewusstes besser auffindbar und leichter zu öffnen sind, was die Innenschau und Selbstreflexion erleichtern kann.

Was macht die Raunächte so besonders? Eine heilige Zeit, die vom Weihnachtsabend bis zum Dreikönigstag dauern soll, die in manchen Gegenden aber auch schon am 21. Dezember, dem Tag der Wintersonnenwende, beginnt. In anderen Regionen kennt man überhaupt nur drei oder vier Raunächte. Trotz der Ungewissheiten, die die Dauer und Herkunft der Raunächte betreffen, bleibt die wesentliche Bedeutung dieser Zeit jedoch klar: Die Raunächte verbinden das alte mit dem neuen Jahr, bilden eine Brücke, einen Übergang. Während dieser Zeit können wir versuchen, unsere alten Themen neu zu beleuchten oder generell zu überdenken. Was möchten wir im alten Jahr zurücklassen, was können wir noch abschließen, damit es uns im neuen Jahr nicht mehr belastet? Die Raunächte bieten eine gute Gelegenheit, um sich von alten Denkmustern zu verabschieden und sich auf neue, positivere einzulassen. Von hier kommt wohl auch die Tradition der Neujahrsvorsätze. Wer sich bewusst darauf einstimmt, kann erfolgreich sein, doch darf man nicht glauben, so ein Vorsatz würde sich von selbst in die Tat umsetzen.

Die Zeitqualität in den Raunächten ist ebenfalls eine ganz besondere. Die Zeit zwischen altem und neuem Jahr wurde seit jeher als mystisch und geheimnisvoll beschrieben, leichter als sonst soll es während der Raunächte gelingen, die Anderswelt zu besuchen, in der die Zeit keine Bedeutung hat. Oft kommt es in Märchen und Sagen vor, dass die Heldinnen und Helden dieser anderen Welt einen Besuch abstatten. Die Zeit dort steht entweder still oder läuft in Windeseile dahin. Diese Erfahrung kennen wir im weitesten Sinne auch aus dem Alltag. Verbringen wir Zeit mit einem geliebten Menschen, dann vergeht diese wie im Flug. Warten wir dagegen in der Kälte auf den verspäteten Bus, erscheint uns die Zeit endlos. Zeit ist, so gesehen, relativ, doch irgendwann begannen die Menschen, den Tag in Stunden, Minuten und Sekunden einzuteilen. Man könnte sagen, diese messbar gemachte Zeit ist die „Hardware" – unsere wirkliche Lebenszeit bedeutet für jeden Menschen aber etwas anderes, das ist sozusagen die „Software". Schlafen wir, dann haben wir keinen Zeitbegriff mehr, läutet der Wecker, ist plötzlich jede Minute kostbar. Der Tag beginnt und die Zeit vergeht im Nu – oder auch nicht. Es kommt ganz darauf an, wie wir sie uns „vertreiben" – wieder so ein auf die Zeit bezogener Ausdruck. „Sich die Zeit zu vertreiben" klingt beinahe, als wollte man sie verjagen, und so ist es auch oftmals im hektischen Alltagstreiben. Viele Menschen jagen ständig ihrer Zeit hinterher und dabei fällt ihnen gar nicht auf, dass sie ihre Zeit mit unnötigen Zeitfressern „vertreiben". Im Stau stecken, Endlosgespräche am Telefon führen, Fernsehen, Internet ... was bleibt dann noch vom Tag, um zur Ruhe zu kommen? Und da kommt die Zeitqualität der Raunächte ins Spiel. Wer diese Zeit im Jahreskreis für sich zu nutzen weiß, kann wertvolle Lebenszeit gewinnen. Nämlich sowohl im Nachhinein gesehen, auf das alte Jahr bezogen als auch im Voraus, wenn es um das kommende Jahr geht. Die Rückschau und der Ausblick können Zeitfenster öffnen, die vorher noch verschlossen waren. In Form eines Jahresrückblicks das alte Jahr Revue passieren zu lassen und dabei über Unerledigtes nachdenken, Erlebnisse, bei denen etwas nicht so rund lief oder aber auch besonders schöne Momente noch einmal nachspüren und genießen. Erinnern Sie sich zurück an Ihre Kindheit – die Zeit zwischen Weihnachten und Dreikönigstag war immer etwas ganz Besonderes. Und sie ist es auch heute noch, wenn wir uns bewusst darauf einlassen und spüren, was uns diese Zeit Wunderbares zu bieten hat. Man nennt sie eine heilige Zeit, und das Wort „Weihnachtswunder" ist jedem ein Begriff. Die Menschen haben die Herzen weiter offen als sonst, und wer an die großen und kleinen Wunder im Leben glaubt, darf sich in den Raunächten auf magische Momente freuen. Unsere Intuition ist es, durch die sich die Zeitqualität der Raunächte am besten bemerkbar machen kann. Das Spüren, das Fühlen, das Ahnen. Diese Dinge waren es auch, auf die unsere Vorfahren in den Raunächten besonders geachtet haben. Und deswegen sind auch die Träume in den Raunächten so wichtig.

Zeit zum Träumen

Es heißt, was man in den Raunächten träumt, wird wahr. Jede Raunacht steht für einen Monat im neuen Jahr und kann dabei helfen, das kommende Jahr „vorauszuträumen". Die erste Raunacht gilt dem Jänner, die zweite dem Februar und so geht es weiter bis zur zwölften Raunacht, die für den Dezember steht. Diese Träume können aber auch das vergangene Jahr betreffen und Antworten auf offene Frage geben.

Die Intuition vermittelt sich uns gerne über die Träume, Hinweise, die hilfreich sein können, zeigen sich immer wieder in Form von Bildern im Schlaf. Das Traumorakel in den Raunächten ist ein wichtiger Bestandteil des Raunächtetagebuchs. Anhand der niedergeschriebenen „Traumberichte" können mögliche Deutungen auch während des Jahres immer wieder nachgeschlagen und neu vorgenommen werden. Seinen Träumen Aufmerksamkeit zu schenken und darüber zu reflektieren ist auch unter dem Jahr eine gute Möglichkeit, der inneren Stimme Gehör zu verschaffen.

Aber zurück zur Geschichte. Es waren einmal ... die Raunächte. Und sie sind es noch immer, die mystischen Tage und Nächte, die „zwischen den Jahren" auf uns warten, um uns ihre besonderen Qualitäten mit auf den Weg zu geben. Es ist nicht bekannt, wie lange es die Raunächte im Volksglauben schon gibt. Sind sie germanischen oder keltischen Ursprungs? Eines wissen wir aber: Früher waren die Raunächte vielfach mit Angst und Schrecken verbunden, es waren bedrohliche Zeiten, in denen unsere Vorfahren lebten. Die Lebensumstände gestalteten sich vor allem in der finsteren Zeit unsicher und gefährlich. In den Wintern war es wohl

viel frostiger und eisiger als heute, es gab noch mehr Schnee und in manchen entlegenen Dörfern war man abgeschnitten von der Umwelt, manchmal für Wochen oder sogar Monate. Die Winter waren gefürchtet, meist fing ab November die besonders harte, also „raue" Zeit für die Menschen an, und so sind wir schon bei der ersten Bedeutung der Raunächte. Zentralheizungen gab es nicht und auch keinen elektrischen Strom. Die Zeit war finster, kalt und trostlos. Die Vorräte musste man sich gut einteilen und wenn das Essen knapp wurde, dann kam die Angst vor dem Hunger dazu. In dieser Zeit häuften sich auch Raubzüge und Plünderungen. Viele Menschen, vor allem Alte und Kranke überlebten die Winter nicht. Wie sollte man sich helfen in einer so großen Not? Umgeben von Angst, Hunger, Kälte, Armut und Finsternis. Schon damals war es das Licht, das den Menschen Hoffnung schenkte und so lernte man den Zeitpunkt im Jahr zu feiern, wenn die längste Nacht im Jahr vorüber war und es für alle zusammen wieder aufwärts ging. Die Wintersonnenwende ist jener Meilenstein im Jahreskreis, der den Wechsel von Licht und Schatten und damit die Verbindung allen Lebens mit der wärmespendenden Kraft der Sonne aufzeigt und vor allem in Nordeuropa eine zentrale kulturelle Bedeutung hat. Im hohen Norden feierte man die Geburt des Lichts bereits am 13. Dezember, noch heute erinnert der Lucienfeiertag daran. In unseren Breiten war es der 21. Dezember, der als heilige Wende in der finstersten Zeit galt. Und es ist auch kein Zufall, dass viele Jahrhunderte später die Geburt Christi rund um dieses Datum in den Jahreskreis Eingang fand.

Apropos Jahreskreis, da gibt es wieder einen Zusammenhang oder Hinweis darauf, wo die Raunächte ihren Ursprung haben könnten. Im Jahr 1582 löste der Sonnenkalender den Mondkalender ab. Das Sonnenjahr zählt 365 Tage, das Mondjahr war aber etwas kürzer, man ging von 354 Tagen aus. Zieht man nun das Mondjahr vom Sonnenjahr ab, dann entsteht eine Differenz von genau zwölf Nächten: Die Raunächte. Sie galten als Verbindung am Ende des Jahres, als Ausgleich zwischen Mond- und Sonnenkalender und damit verbunden als heilige Zeit.

Auch das Wörtchen „Rauch" hat eine enge Beziehung zu den Raunächten. Denn mancherorts wurden die zwölf heiligen Nächte im Jahr auch „Rauchnächte" genannt, was uns zur Tradition des Räucherns führt. Wieder geht es um eine Verbindung, diesmal von

Himmel und Erde. Das Räucherwerk symbolisiert die Erdkräfte, die sich durch das Räuchern in Luft auflösen und in den Himmel emporsteigen. Das Räuchern von Harzen, getrockneten Hölzern und anderen Pflanzenteilen galt als Opfer für die Götter, die im Himmel wohnen. Das Rauchopfer sollte Schutz bringen und böse Dämonen abhalten. Dass gerade in der Zeit der Raunächte so viel geräuchert wurde, hatte den Grund, dass die Menschen sich selbst, ihre Familien, Haus und Hof, Tiere und Gerätschaften vor Dämonen und bösen Geistern schützen wollten, die nach altem Glauben in dieser Zeit besonders häufig ihr Unwesen trieben. Gleichzeitig erbat man mit dem Räuchern göttlichen Segen und viele Kräuter und Harze wirken sich dazu noch positiv auf die Gesundheit aus. Noch heute werden in ländlichen Regionen die Räucherbräuche hochgehalten. Der Bauer geht um den Jahreswechsel mit einer Räucherpfanne (meist mit Weihrauch) durch alle Räumlichkeiten des Hofes, die Familienmitglieder folgen ihm wie bei einer Prozession. Meist wird gleichzeitig Weihwasser gesprengt und für Schutz und Segen gebetet. Eine schöne Tradition, die sich in ländlichen Gegenden bis heute erhalten hat und auch nach und nach in modernen Haushalten wieder Einzug hält.

Das mittelhochdeutsche „rûch" steht für haarig und gibt uns einen weiteren Hinweis auf die Herkunft der Raunächte. Noch heute werden im Kürschnergewerbe Tierfelle als „Rauware" bezeichnet. Die Felle der Perchten und die damit verbundene Möglichkeit der inneren und äußeren Verwandlung könnten darauf schließen lassen, dass die Raunächte auch hier ihren tieferen Sinn finden. Die Tore zwischen Himmel und Erde stehen weiter offen als sonst, und so wohl auch die Tore zu unserem Unterbewusstsein, unserer dunklen Seite, die manch animalischen Aspekt unseres Selbst beherbergt. Die Raunächte stellen die Verbindung her, machen Türen auf, lassen Wahrheiten durchschimmern und Einsichten anklopfen.

Glöckelnächte, Zwölfernächte, Losnächte. Viele weitere Namen für diese Zeit tauchen auf und geben Rätsel über die Herkunft der Raunächte auf. Und so werden die Raunächte wohl immer ein Geheimnis bleiben, denn sie bedeuten für jeden Menschen etwas anderes.

Heute hat diese Zeit für uns Menschen zum Glück ihren Schrecken verloren und wir haben die Möglichkeit, sie positiv zu nutzen. Vielleicht begegnet man in den Raunächten seinen Schattenseiten, denn auch das ist eine Qualität dieser Zeit: dass alles sein darf, sich zeigen darf und somit zur ganzheitlichen Heilung beitragen kann. So kommen wir zur Urgestalt der Raunächte, der Frau Percht, die sich besonders durch ihre Ganzheit mit sowohl hellen als auch dunklen Seiten auszeichnet.

Die Mutter der Raunächte

Frau Percht ist eine mystische Gestalt, die in den unterschiedlichsten Erscheinungsformen bekannt ist. Die Urmutter, die Erdgöttin, die dreifaltige Göttin in Form von junger Frau, Mutter und Greisin. Frau Percht symbolisiert den ganzheitlichen Zyklus von Geburt, Werden und Tod und erscheint in den Raunächten meist als weise Alte, die durch das Land zieht, um nach dem Rechten zu sehen, die Menschen prüft und dabei hilft, das alte Jahr gut abzuschließen. Es gibt viele Sagen und Raunachtsgebote, die in Zusammenhang mit Frau Percht stehen. So sollten in den zwölf heiligen Nächten alle Räder still stehen, hieß es. Gemeint waren die Spinnräder, denn mit dem Spinnen als einst heiliger Tätigkeit verband man auch den Lebensfaden, der in den Raunächten von den germanischen Nornen Urd, Skuld und Verdandi am Weltenbaum Yggdrasil gesponnen wird. Die Spinnräder in den menschlichen Behausungen sollten ruhen, damit in der Anderswelt in Ruhe am Schicksal der Welt gearbeitet werden konnte. Die drei Nornen sind sowohl für die Vergangenheit als auch für die Gegenwart und die Zukunft zuständig. Gemeinsam weben sie in den Raunächten das Schicksal der Menschheit und so erhofften sich die Leute ein gutes neues Jahr, wenn sie sich an die Gebote in der „staaden Zeit" hielten. So sollte auch nicht gewaschen und keine Wäsche aufgehängt werden. Grund dafür war die Sorge, dass sich in den Raunächten die Wilde Jagd in einem Wäschestück verfangen könnte. Dieser Umstand war mit Unglück für den Besitzer verbunden und so hat sich dieser Brauch, dass vor allem in der Nacht vom 31. Dezember auf den 1. Jänner keine Wäsche auf den Leinen hängt, vielerorts bis heute gehalten. Die Wilde Jagd ist ein ebenso mystisches Bild der Raunächte wie die Frau Percht. Ein Geisterheer, das mit Saus und Braus durch die Lüfte jagt, um die Seelen des vergangenen Jahres, die noch nicht heimgefunden haben, mit sich zu nehmen, aber auch um die Lebenden zu strafen, die etwas auf dem Kerbholz haben. Auf alle Fälle war die Angst vor der Wilden Jagd in früherer Zeit einer der wichtigsten Gründe, um bei Dunkelheit das Haus nicht mehr zu verlassen oder in den Wald zu gehen. Als eiserne Regel galt, wenn einem die Wilde Jagd begegnete, so sollte man sich so schnell wie möglich flach auf den Boden legen und so lange warten, bis das wilde Getöse vorbei war. Aber auch Belohnungen gab es von der Wilden Jagd. Viele Sagen zeugen noch heute davon, dass gute Leute etwas geschenkt bekamen, das sich dann zu Hause in Gold verwandelte.

Viele weitere Raunachtsgebote gab es, so sollte nicht gestritten, die Türen nicht zu laut zugeknallt werden und so weiter und so fort. Die Frau Percht betreffend war noch ein besonderer Brauch üblich, ihr stellte man in der „Perchtnacht" (auch „Perathnacht") von 5. auf 6. Jänner die „Perchtmilch" vor die Tür: Milch in einer großen Schüssel, Brotstücke dazu und so viele Löffel wie möglich, damit auch die „Zodawaschln", die Seelen ungetauft gestorbener Kinder, die sich in der Obhut von Frau Percht befinden, etwas von den guten Gaben kosten konnten. Was am nächsten Tag noch übrig war wurde von den Hausleuten verspeist, denn diese Speisen sollten Glück fürs neue Jahr bringen und für Fruchtbarkeit bei Mensch, Tier und Pflanzen sorgen.

Das Thema Fruchtbarkeit spielt in den Raunächten generell eine zentrale Rolle. Alles dreht sich darum, Mutter Erde wieder zu erwecken und nach der toten Zeit wieder Leben in die Natur zu bringen. So entwickelten sich aus der Figur der Frau Percht in Brauchtum und Tradition die „Perchten". Die Perchten sind die Fruchtbarkeitsbringer und ihr wildes Gehabe und Gestampfe soll die schlafende Saat aufwecken, damit sie wieder Frucht bringt im neuen Jahr. Es gibt die Schönperchten (z.B. die Glöckler im Salzkammergut) und die Schiachperchten mit ihren wilden Masken und zotteligen Tierfellen. Man könnte sagen, es sind unterschiedlich Aspekte der Frau Percht, die sich in Form der Perchten zeigen.

Und so war es auch Brauch, dass sich die Menschen freiwillig von den wilden Perchten „gesundschlagen" ließen. Die Schläge sollten Glück bringen und wurden deswegen gerne ertragen. Das Gesundschlagen kennt man jedoch auch auf eine andere Art und Weise, nämlich am 28. Dezember, dem Tag der unschuldigen Kinder. Da ziehen die Kinder in manchen Gegenden noch heute von

Haus zu Haus und schlagen die Erwachsenen mit Birken- oder Haselruten, um so Gesundheit für das neue Jahr anzuziehen. Heischebräuche waren in den Raunächten ebenfalls früher gang und gäbe. Ärmere Leute kamen so zu etwas „Zubrot" und die Bevölkerung glaubte an das persönliche Glück, das sich durch das Verschenken von kleinen Geldbeträgen und Lebensmitteln erkaufen ließ. Noch heute gibt es den Brauch, Müllabfuhrbediensteten, dem Rauchfangkehrer oder dem Briefträger rund ums neue Jahr eine Kleinigkeit zu schenken. Das bringt auf alle Fälle Glück, denn wenn Menschen sich freuen, dann vermehren sich auch die Glücksgefühle auf der Welt.

Glücksblicke

In den Raunächten eine glückliche Zukunft heraufzubeschwören war seit jeher ein wichtiger Brauch. In diesen Nächten sollten Orakel besonders gut funktionieren und einen Blick in das neue Jahr werfen, das wollten die Menschen schon immer. Der alte Brauch des Bleigießens erinnert auch heute noch daran. Und wieder geht es um die Verbindung von gestern, heute und morgen. Das Blei verliert seine alte Form, verflüssigt sich und wird im Wasser wieder fest. Aus den Gebilden und Formen wurde die Zukunft abgelesen. Vielerorts deutete man auch den Schatten, den das Bleigebilde an die Wand warf. Wer die Umwelt schonen möchte, nimmt heute einfach färbiges Kerzenwachs, das funktioniert genauso gut und ist um einiges umweltfreundlicher. Bleigegossen wurde seit jeher traditionellerweise am Abend des 31. Dezember, an Silvester, dem offiziellen Übergang vom alten in das neue Jahr. Diese Nacht zählt zu den stärksten Raunächten und man sagte, dass dann auch die Wilde Jagd ihre hohe Zeit feierte.

Speisebräuche in den Raunächten

Mancherorts spricht man von zwei „foasten" (feisten, fetten) Raunächten – vom 24. auf den 25. Dezember sowie vom 5. auf den 6. Jänner – sowie von zwei „mageren", vom 21. auf den 22. Dezember sowie vom 31. Dezember auf den 1. Jänner. Die Bezeichnungen „foast" und „mager" beziehen sich auch auf die Speiseordnungen an jenen Tagen. Das Sprichwort, „Raunacht san vier, zwoa foast und zwoa dürr" weist darauf hin: So gab es an den „mageren" Tagen Fastenspeisen zu essen und an den „fetten" Deftigeres wie Karpfen oder in Fett Herausgebackenes. Das heute noch bekannte Kletzenbrot aus gedörrten Birnen wurde vielerorts als Gabe an heischende Kinder, aber auch an Erwachsene verteilt. Vor allem zu den foasten Raunächten klopften die ärmeren Leute bei den Bauernhöfen an, um Essen zu erbetteln. Dafür gab es auf großen Höfen sogar eigene Bettelleutfenster, von hier aus wurden Krapfen und andere meist süße Speisen ausgegeben. Die Tiere im Stall bekamen in den Raunächten eine sogenannte „Maulgabe" unters Futter gemischt. Die Maulgaben sollten die Tiere vor Dämonen schützen und bestanden aus Brot und Teilen vom geweihten Palmbuschen und dem Fronleichnamskranzl.

Eine mystische Zeit

Was die Raunächte heute noch so mystisch macht, sind die Bräuche, die diese Zeit begleiten. Es ist die Weihnachtszeit, es ist Silvester, es ist der Dreikönigstag. Diese heiligen Tage und Nächte haben auch heute noch eine ganz spezielle Wirkung auf uns Menschen. Es ist die Zeit der Familienfeiern, viele haben Urlaub oder Ferien.

Die freie Zeit lädt dazu ein, die Raunächte auf ganz persönliche Art und Weise zu verbringen und achtsam zu sein. Auf sich selbst, das Umfeld, das Wetter, die Träume, die Begebenheiten des Tages, die Stimmung, die Schlafqualität, körperliche Beschwerden, einfach auf alles, was einem auffällt. So machten es auch unsere Ahnen, wenn sie in den Raunächten orakelten. Vielfach ging es im ländlichen Raum um das Wetter im neuen Jahr. Da jede Raunacht für einen Monat im neuen Jahr steht, versuchte man, durch die Beobachtung des Wetters und allerlei anderer Begebenheiten Rückschlüsse auf die kommenden zwölf Monate zu ziehen. Auch heute sind solche Wetterorakel noch bekannt. Zum Beispiel gibt es ein Zwiebelorakel, bei dem zwölf Zwiebelhälften Auskunft darüber geben sollen, wie sich die Großwetterlage entwickeln wird.

Die Raunächte stellen eine spannende Zeit dar, die auch heute noch großen Wert hat, denn wir können diese Tage und Nächte sehr gut dazu nutzen, um uns mit ungelösten Problemen zu

beschäftigen, Verwirrungen aufzulösen, alte Muster neu zu zeichnen, Farbe ins Leben zu bringen, Altlasten vom Vorjahr zu entsorgen, Platz für Neues zu schaffen und so weiter.

Die Raunächte sind modern geworden, sie bieten uns jedes Jahr aufs Neue die Möglichkeit, am Ende des Jahres in uns zu gehen, um das neue Jahr so gut wie möglich zu beginnen. „In der Ruhe liegt die Kraft" lautet ein bekannter Ausspruch. Meine Erfahrungen in den Raunächten möchte ich mit „In der Ruhe liegt die Klarheit" zusammenfassen. Diese Klarheit kommt nicht über Nacht, sondern braucht Zeit. Die Raunächte laden dazu ein, ruhig zu werden. Sich zu besinnen, sich selbst besser wahrzunehmen, die Probleme, die Qualitäten, die Schwächen, die Stärken, einfach alles zu reflektieren. Denn in den Raunächten hat alles Platz, kann alles zum Vorschein kommen und will dann beleuchtet werden. Und egal, wie groß die Dunkelheit im Inneren oft erscheinen mag, eine kleine Kerze brennt immer, und dieses kleine Licht wird heller, wenn wir ihm Raum geben und es sorgsam pflegen.

Und so kann man sich für seine ganz persönlichen Raunächte ein Motto oder einen Überbegriff einfallen lassen – eine Art Untertitel für das eigene Raunächtetagebuch.

Die Illustrationen im Buch laden dazu ein, sie zu betrachten, dabei still zu werden und zu beobachten, welche inneren Bilder auftauchen. Und die schönen Zeichnungen werden wohl noch schöner, wenn sie nach Lust und Laune mit bunten Farben bemalt werden. Die so entstandenen Kunstwerke machen das Raunächtetagebuch noch einzigartiger!

21. DEZEMBER

WINTERSONNENWENDE

Der 21. Dezember ist ein ganz besonderes Datum, denn die längste Nacht im Jahr steht symbolhaft für das Prinzip Hoffnung. Wenn die Nacht am dunkelsten ist, dann ist der Tag nicht mehr weit, und so verhält es sich auch bei dieser Wendezeit im Jahreskreis. Ab jetzt geht es aufwärts, die Tage werden langsam wieder länger und das Licht gewinnt an Kraft. Dieser Tag stellt ein schönes Symbol der Zuversicht dar. Denn auch im Leben gibt es oft Phasen, die so dunkel sind, dass man meinen könnte, es gäbe keinen Lichtblick mehr.

Lichtblicke im Innen und Außen

Als symbolische Handlung können Sie heute eine oder mehrere Kerzen entzünden. So helfen Sie aktiv dabei mit, dass es „am dunkelsten Tag im Jahr" mehr Licht gibt. Ein Lichtblick: Setzen Sie sich in aller Ruhe hin, zünden Sie eine oder mehrere Kerzen an und schauen Sie ganz entspannt in das Kerzenlicht. Welche Gedanken kommen dabei auf? Oder sind es Bilder? Notieren Sie alles, es könnte von Bedeutung sein. Welcher Bereich in Ihrem Leben braucht eine Wende, wo sollte es mehr Licht, Zeit oder Energie geben? Wer oder was verdunkelt den inneren Himmel und was bringt Sie zum Strahlen?

Liebesorakel am Thomastag

Früher wurde der 21. Dezember in ländlichen Regionen auch gerne für Orakel genutzt. Vor allem Liebesorakel standen bei jungen unverheirateten Frauen hoch im Kurs. Am Thomastag, wie er auch genannt wird, probierten die Mädchen und Frauen so allerlei aus, um in ihre Liebeszukunft zu blicken. So gab es zum Beispiel den Brauch des „Schlapfenwerfens". Man stellte sich mit dem Rücken zur Haustür und warf einen Hausschuh oder Schuh über die Schulter nach hinten. Zeigte die Spitze des Schuhs zur Tür, stand im nächsten Jahr eine Hochzeit ins Haus. Beliebt war auch das „Hunderlanmelden", um den Herkunftsort des Zukünftigen zu erfahren. Dazu gingen die Frauen um Mitternacht ins Freie und lauschten, aus welcher Richtung ein Hundebellen zu vernehmen war. Oft wurde zusätzlich auch ein Zwetschkenbaum herangezogen, den man ordentlich rüttelte und schüttelte und dabei folgenden Spruch aufsagte: „Zwetschgenbam i schüttl di, Sankt Thomas, i bitt di: Lass dort a Hunderl belln, wo si mei Schatz tuat meldn!" Die wahre Liebe in der Thomasnacht im Traum zu erblicken war eine weitere Variante der Liebesvoraussagen. So kann man auch heute noch vor dem Zubettgehen in der Thomasnacht dieses kleine Sprüchlein aufsagen und vielleicht im Schlaf den „Traummann" erblicken: „Bettstatt i tritt di, Heiliger Thomas i bitt di, lass' mir erscheinen den Herzallerliebsten meinen!"

WO DIE LIEBE HINFÄLLLT

Es war einmal ... eine junge Frau, die hatte kein Glück in der Liebe. Das Herz war ihr schwer, weil sie sich schon so lange einsam fühlte. Doch die Liebe kann man nicht einfach herbeizaubern. Oder doch? Was hatte sie nicht schon alles versucht. Immer wieder gab sie neuen Beziehungen eine Chance. Doch nie war ein Partner dabei, der es ernst mit ihr meinte, nie war wirklich Liebe im Spiel. So verzagt, wie die junge Frau schon war, so sehr brannte in ihr die Sehnsucht nach Liebe, die scheinbar durch keine Enttäuschung – sei sie auch noch so groß – gelöscht werden konnte.

Eines Tages, es war kurz vor dem Tag der Wintersonnenwende, fiel der Frau in einem Buchladen ein ganz besonderes Buch in die Hände: „Liebeszauber und Magie" stand auf dem

Buchdeckel. Die Frau schmökerte eine Weile darin und kaufte es schließlich, einen Versuch war es immerhin wert. Schnell entdeckte sie das Kapitel zum Thomastag und dass sich dieser Wendetag im Jahreskreis auch besonders für Liebeszauber und Orakel eignen würde. Lange las sie in dem Buch und konnte sich nicht entscheiden, welches Ritual wohl am besten für sie geeignet wäre. Der 21. Dezember nahte und die junge Frau war schon sehr aufgeregt. Das Ritual mit dem Hundebellen schloss sie von vornherein aus, das klang für sie einfach zu unrealistisch. Einen Apfel in einem Zug durch zu schälen, das wollte sie ausprobieren. Die Schale sollte danach rücklings über die Schulter geworfen werden und den Anfangsbuchstaben des Liebsten anzeigen. Mühsam bearbeitete sie den Apfel und als sie mit dem Schälen fertig war, befolgte sie die Anweisung aus dem Buch. Schnell sah sie nach, doch einen Buchstaben konnte sie leider nicht erkennen. Bei genauerer Betrachtung glaubte sie ein „S" zu entdecken oder war es etwa doch ein „N"?

Etwas entmutigt wollte die Frau es weiterversuchen mit den Liebesritualen, das Schlapfenwerfen stand nun auf dem Programm. Natürlich zeigte die Schuhspitze nicht zur Tür. Aber wer heiratet denn heute schon gleich vom Fleck weg? Irgendwie war sie vor dem Zubettgehen zu müde und auch zu frustriert, um auch noch dieses Bettstattsprücherl aufzusagen. Missmutig und enttäuscht legte sie sich schlafen. Doch es lag eine feine Magie über jener Nacht. Und so träumte die Frau von der Liebe, die wieder einmal an ihr vorbeihuschte, ohne sie zu beachten. Doch nun wurde die Frau aktiv, sie stellte der Liebe ein Bein und diese fiel direkt in ihre Arme. Was für ein lustiger und liebevoller Traummoment! Und aus der Liebe in ihren Armen wurde schnell ein junger Mann. Die Träumerin erblickte sein Antlitz für einen Sekundenbruchteil und wusste: Das ist er! Der wird im neuen Jahr zu mir finden und ich zu ihm!

Und so war es dann auch. Kurze Zeit später passierte das liebevolle Missgeschick. Beim Einkaufen stolperte ein Mann über seine eigenen Beine – und fiel direkt in die Arme der Frau, die ihn auffing und herzlich anlächelte. Auch er lächelte und schon war es um die beiden geschehen. Denn wo die Liebe hinfällt, stehen zwei Verliebte auf!

Wie war mein Tag? Wie fühle ich mich heute?

Mein Tag war ausgefüllt. Termine,
Besuche, unerwartete Ereignisse
"Der Tag regnet auf euch hernieder"

Was hat mich gestört?

Keine Zeit für Sport od. Meditation
Dass meine Söhne sich nicht
benahmen bei Besuchen v. zankten!

Was raubt mir meine Energie?

Streitigkeiten unter Geschwistern,
to do's
schlecht gelaunter überarbeiteter Ehemann

Wer oder was gibt mir Kraft?

Freundinnen, Vorfreude auf Urlaub
erledigte Dinge

Was war mein Höhepunkt des Tages?

Mit Familie zusammen sein,

Was habe ich in der Nacht vom 21. auf den 22. Dezember
geträumt?

Was war sonst noch wichtig heute?

Oma Margot ging es nicht gut.
Besoch Taute, Zahnarzt → Zahn
hoffentlich jetzt :-O,

MEINE ERSTE RAUNACHT ERZÄHLT:

Frohe Weihnachten!

Die Weihnachtstage laden zum Feiern ein. In der christlichen Tradition ist es das Fest zur Geburt des Heilands, des Erlösers Jesus Christus, der auch als „Licht der Welt" bezeichnet wird. Die Idee, das Lichtkind zu feiern, ist jedoch schon viel älter als die christliche Tradition. Die Geburt des Lichts war und ist ein wichtiger Zeitpunkt im Jahreskreis, der gefeiert werden will. Ein frohes Fest soll es sein, denn es gibt einen guten Grund dazu – das Licht erhebt sich über die Dunkelheit. Und dieses Licht ist es auch, das einmal länger und dann wieder kürzer auf die Erde scheint und damit für die Jahreszeiten verantwortlich ist. Eine „von oben" bestimmte Tradition, die den Menschen in früheren Zeiten wohl so manches Rätsel aufgegeben hat, und die sie schließlich durch die Beobachtung von Sonne, Mond und Sternen zu berechnen wussten. Es gibt viele Kultplätze auf der Erde, die sich auf die Wendezeiten des Lichts beziehen und genau auf den Zeitpunkt der Sommer- und Wintersonnenwende ausgerichtet sind. Das Wissen über den Jahreskreis der Sonne und die dadurch ausgelösten Veränderungen der Länge von Tag und Nacht bedeutete den Menschen sehr viel. Sie erbauten Kultstätten und feierten diese Wendepunkte. Auch heute noch können wir uns die besonderen Momente im Jahr bewusstmachen. Denken wir an Weihnachten daran, dass es mit dem Licht wieder aufwärtsgeht, dass uns die Sonne bald wieder länger vom Himmel lacht und die dunklen Stunden kürzer werden.

Das Leben ist ein Geschenk

Das größte Geschenk ist das Leben selbst und wer sich das immer wieder vor Augen hält und dieses Geschenk zu schätzen weiß, hat schon viel gewonnen. „Die besten Dinge im Leben bekommt man geschenkt" heißt es, und für mich sind das Liebe, Familie und Freunde. Das ist auch der tiefere Sinn von Weihnachten: Liebe zu schenken. Vielleicht möchten Sie diesem Symbolgeschenk dieses Jahr einmal eine konkrete Form geben und ein besonders schön verpacktes Geschenk mit einer Geschenkkarte, die die liebevolle Absicht beschreibt, unter den Christbaum legen. Die darin enthaltene Liebe wird den Beschenkten nicht nur freuen, sondern vielleicht anregen, die Liebe weiter zu schenken. Denn Liebe vermehrt sich, je öfter sie verschenkt wird und was gibt es Schöneres, als sich unter dem Christbaum am Weihnachtsabend zu sagen, dass man sich lieb hat. Das muss nicht immer der Partner sein, nein, das funktioniert auch sehr gut innerhalb der Familie und ist für mich das größte Geschenk überhaupt. Natürlich ist es nicht selbstverständlich, dass sich alle in der Familie mögen, ganz im Gegenteil, oft sind die Abneigungen so groß, dass die Familientreffen zu Weihnachten einen Zwang darstellen und nicht gerade angenehm sind. Doch vielleicht passiert ja irgendwann ein Wunder und es gibt eine Versöhnung zu Weihnachten? So ein Weihnachtswunder kann aber auch bedeuten, dass man sich eines schönen Jahres nicht mehr dazu zwingt, gemeinsam zu feiern. Natürlich gibt es auch Menschen, die zu Weihnachten alleine sind und sich deshalb vor diesem großen emotionalen Fest richtiggehend fürchten. Jeder Mensch hat seinen eigenen Weg und das größte Geschenk, das wir uns selbst machen können, ist, das Beste aus unserem Leben und aus unserer aktuellen Situation zu machen.

Geschenke annehmen

Was haben Sie heuer zu Weihnachten geschenkt bekommen? Sind Sie zufrieden? Haben Sie sich überhaupt etwas gewünscht? Oder gibt es bei Ihnen zu Hause auch schon eine „Geschenkebremse"? Zu Weihnachten Präsente zu bekommen freut vor allem die Kinder – aber auch die Erwachsenen, denn in jedem Großen steckt ein Kleiner, das innere Kind freut sich auf Weihnachten und natürlich auch auf die Packerl. Das Wichtigste an den Geschenken ist nicht der materielle Wert, sondern die liebevolle Auswahl, die Gedanken und die Euphorie beim Kaufen, wenn man etwas entdeckt, das dem anderen Freude bereitet. Nur ist das nicht immer ganz leicht. Der Vorweihnachtsstress hat bei manchen Menschen viel mit dem Geschenkekauf zu tun und oft sind es dann eben Verlegenheitsgeschenke, die unbedacht „einfach besorgt" wurden, um etwas für den anderen zu haben. Schön wäre es, sich gegenseitig Zeit zu schenken, viele Leute tun das schon. Es werden Zeitgutscheine gebastelt und an die Lieben verschenkt. Zeit mit geliebten Menschen zu verbringen ist nicht nur wertvoll, sondern auch sinnvoll. Die selbstgemachten Geschenke von Kindern erwärmen das Herz, so viel Liebe und Bemühen stecken in den kleinen Dingen, die oftmals für den kritischen Betrachter nicht besonders schön sind, aber eine Seele haben. Es ist eine Gabe, Geschenke zu beseelen und das gelingt uns dadurch, dass wir diese mit einer liebevollen Absicht auswählen und mit Freude schenken. Auch das Annehmen von Geschenken will gelernt sein, denn oft hätten wir uns etwas ganz anderes gewünscht. Eine Krawatte oder ein Nachthemd kann man umtauschen, Gefühle nicht. Aus meiner Erfahrung haben die Beschenkten am meisten Freude mit liebevollen Kleinigkeiten. Ein selbstgebasteltes Weihnachtsbillett, persönliche Zeilen, die auch nach Weihnachten noch gelten oder ein Buch, das den Geschmack des Anderen trifft. Weihnachten – das Fest der Liebe, es kann uns daran erinnern, dass wir uns auch selbst lieben dürfen. Warum sich nicht jedes Jahr auch selbst ein Geschenk unter den Christbaum legen, vielleicht etwas, das man sich sonst nicht geleistet hätte, oder einfach einmal einen Brief an sich selbst schreiben, in dem man die Geschenke, die einem das Leben bereits gemacht hat, aufzählt und beschreibt. Und natürlich gibt es auch eine ganz persönliche Wunschliste, aber die folgt in einem anderen Kapitel.

MEIN SCHÖNSTES WEIHNACHTSGESCHENK

Es war einmal ... kurz vor Weihnachten. Da galt es in der Schule, einen Aufsatz zu schreiben. Das Thema lautete: „Mein schönstes Weihnachtsgeschenk". Die Lehrerin nahm sich die Aufsätze der Kinder über Weihnachten mit nach Hause, um sie zu verbessern und diese nach den Ferien wieder an ihre Schülerinnen und Schüler auszuhändigen. Die Kinder in dieser Klasse waren bunt gemischt, manche kamen aus gutem Hause, wie man so schön sagt, andere wieder aus ärmeren Verhältnissen. Es war der Abend des 23. Dezember, als die Lehrerin damit begann, die Aufsätze zu bearbeiten. Sie freute sich darauf und war neugierig, was ihre Klasse geschrieben hatte. Weit kam sie jedoch nicht mit dem Lesen, die Frau Lehrerin, denn schon der erste Aufsatz rührte sie dermaßen zu Tränen, dass ihr die Zeilen im Schulheft vor den Augen verschwammen:

Mein schönstes Weihnachtsgeschenk
Ich mag Weihnachten, weil es da immer etwas Gutes zu essen gibt und meistens auch Geschenke. So wie im vorigen Jahr, da hat das Christkind nicht auf mich vergessen und ich habe eine Puppe geschenkt bekommen. Leider fehlte ihr ein Auge, aber Mama hat gesagt, dass meine Puppe einen Unfall hatte. Wir haben meiner Puppe dann eine Augenklappe gemacht, so wie Piraten eine haben, und das schaut auch heute noch cool aus. Meine Puppe ist wirklich sehr schön, sie hat blonde Haare und ist fast so groß wie die Nachbarkatze, wenn sie ausgestreckt auf dem Boden liegt. Meine Puppe nehme ich überall mit hin, nur in die Schule nicht, denn das darf man nicht. Aber wenn ich nach Hause komme, dann wartet sie schon auf mich und dann füttere ich sie. Am Abend liegt sie bei mir im Bett, weil sie kein eigenes hat, sie hat auch immer dasselbe Gewand an, aber das macht nichts, sagt die Mama, weil es besser ist, wenn ich ein neues Gewand kriege, und bei der Puppe müssen wir dann sparen, sagt sie. Ich bin wirklich froh, dass mir das Christkind meine Puppe gebracht hat, sie heißt Petra und ist mein schönstes Weihnachtsgeschenk!

Die Puppengeschichte rührte die Lehrerin so sehr, dass sie spontan beschloss, für ihre Schülerin Christkind zu spielen. Sie kannte die Adresse der Familie und wollte unbedingt etwas tun, damit die Kleine auch heuer wieder eine große Freude haben konnte. So plante sie, für die Puppe ein Bettchen und Kleider zu kaufen. Früher hatte sie sich immer über Leute beschwert, die am 24. Dezember noch Weihnachtsgeschenke einkaufen gingen. Doch heute empfand sie diese Möglichkeit als Segen. Im Spielzeuggeschäft in der Stadt wimmelte es von Gleichgesinnten und so dauerte es eine kleine Ewigkeit, bis die Lehrerin eine Verkäuferin erwischte. „Wie groß ist denn die Puppe?", fragte die Verkäuferin. „Ungefähr so groß wie eine ausgewachsene Katze, wenn sie sich auf dem Boden ausstreckt", antwortete die Lehrerin mit einem Schmunzeln. Die Verkäuferin war heute nicht gerade zum Scherzen aufgelegt, so war nur ein mürrisches „Aha!" zu vernehmen. Doch ihre Vorstellungskraft reichte aus, um der Frau Kleider und Puppenbettchen in der passenden Größe zu zeigen. Die Preise waren stolz, doch die gute Sache stand im Vordergrund und so schaute die Lehrerin heute einmal nicht aufs Geld, sondern in ihr Herz. „Ja, bitte packen Sie mir die Sachen als Geschenk ein!", sagte sie an der Kasse und verließ dann freudig den kleinen Spielzeugladen. Noch nie in ihrem Leben hatte sie selbst so eine Freude mit einem Geschenk gehabt, das sie zu Weihnachten verschenkt hatte. Die Leute, die sie sonst beschenkte, hatten meistens schon alles. Es handelte sich immer um liebevoll ausgewählte Dinge wie Kerzen, Gestecke, Bücher, Gutscheine und so weiter. Doch heute war alles anders. Schnell fuhr sie in die Straße, in der die Schülerin wohnte und läutete an der Haustür. Die Mutter öffnete und war überrascht, die Lehrerin der Tochter zu sehen. „Ist etwas nicht in Ordnung, hat Anita etwas angestellt?"

„Nein, nein!", beschwichtigte die Lehrerin. „Ich habe gestern den Aufsatz Ihrer Tochter gelesen. Er handelte von ihrer Puppe Petra und ich hatte zufällig noch ein paar Sachen zu Hause auf dem Dachboden, über die sich Anita vielleicht freuen würde."

Die Mutter machte große Augen, als sie die zwei in rosarotes Weihnachtspapier gehüllten Packerl sah. „Und natürlich hat das alles das Christkind gebracht!", meinte die Lehrerin noch mit einem Augenzwinkern. Doch schon hatte sich die kleine neugierige Anita zwischen Mutter und Lehrerin geschoben und hielt stolz ihre Piratenpuppe in die Höhe. „Hallo Frau Lehrerin, da schau'n Sie, das ist Petra, haben Sie meinen Aufsatz schon gelesen?"

Anita war ein aufgewecktes Kind und fragte immer geradeheraus alles, was sie wissen wollte. Der Lehrerin verschlug es kurz die Sprache, jetzt war ihr ganzer Christkindlplan durcheinandergeraten. Schnell versuchte sie, die Geschenke hinter dem Rücken zu verstecken „Ja, dein Aufsatz ist sehr schön, Anita! Und deine Puppe finde ich auch sehr schön!" Anita lächelte und sprudelte weiter: „Frau Lehrerin, wie feiern Sie denn heute Weihnachten, bekommen Sie auch so ein gutes Weihnachtsessen wie wir?" Die Lehrerin hatte selbst keine Familie und wollte den Weihnachtsabend so wie jedes Jahr auch heuer wieder alleine zu Hause verbringen. Doch so schnell konnte sie gar nicht ablehnen, war sie auch schon bei den gastfreundlichen Leuten eingeladen. Anita freute sich sehr, dass heute Abend ihre Lehrerin höchstpersönlich zu Gast sein würde. Die Lehrerin machte sich einstweilen wieder auf den Weg nach Hause und fand es jetzt eigentlich schon etwas eigenartig, dass sie Weihnachten heuer im Kreis einer fremden Familie feiern würde. Warum hatte sie nur so schnell zugesagt? Doch Weihnachten ist das Fest der Liebe und der Wunder, und da trifft man manchmal Entscheidungen, die man im Nachhinein nicht erklären kann. So fuhr die Frau ein paar Stunden später wieder mit den Geschenken für Anita und einer Flasche Wein für die Eltern in dieselbe Straße. Sie wurde herzlich empfangen und freute sich sehr, als sie den liebevoll geschmückten Christbaum sah. Ein einfaches Heim, aber so gemütlich, dass sie sich gleich wie zu Hause fühlte. „Anita, das Christkind hat mir noch was mitgegeben für dich, es war so in Eile und als ich es auf der Straße getroffen habe, bat es mich, dir diese Geschenke zu geben!"

„Wow, so große Geschenke für mich!", sagte die Kleine und konnte es gar nicht mehr erwarten, diese auszupacken. Doch vor der Bescherung gab es noch einen Weihnachtsaufschnitt und dieser schmeckte ausgezeichnet. Vater, Mutter, Kind und Lehrerin standen nun vorm Christbaum und sangen „Stille

Nacht", „Oh Tannenbaum" und „Oh du fröhliche". Jetzt durfte Anita die Geschenke auspacken. „Zuerst die kleinen und dann erst die großen!", mahnte die Mutter. Es gab Strumpfhosen, Socken, eine neue Hose, eine Haube und Süßigkeiten, und Anita freute sich. Doch nun waren die großen Packerl an der Reihe! Als Anita das weiße Puppenbettchen sah, klatschte sie vor Freude in die Hände und als sie dann auch noch die drei Puppenkleider entdeckte, konnte sie ihr Glück kaum fassen. „Danke liebes Christkind!", rief die Kleine und tanzte vor Freude im Kreis, ihre Puppe lag schon im Bettchen und bald darauf wurden die neuen Sachen anprobiert. Der Lehrerin liefen schon wieder Tränen der Rührung über die Wange und sie bedankte sich innerlich beim lieben Gott, dass sie diesen freudigen Kindermoment miterleben durfte.

„Frau Lehrerin, warum weinen Sie denn?", fragte die kleine Anita. „Mir ist nur etwas ins Auge gefallen, wahrscheinlich ein bisschen Sternenstaub vom Christkind!", und jetzt lächelte sie wieder und ihr wurde ums Herz so warm wie noch nie zuvor im Leben.

Ein schöner Weihnachtsabend ging zu Ende und die Lehrerin verabschiedete sich bei der Familie. Als sie schon auf der Straße stand, rief ihr die kleine Anita noch nach: „Jetzt muss ich meinen Aufsatz wieder umschreiben, denn die Geschenke, die ich heute vom Christkind bekommen habe, sind genauso schön wie meine Puppe!"

Daheim angekommen wusste die Lehrerin, dass sie sich an jenem Weihnachtsabend selbst das schönste Geschenk gemacht hatte, indem sie die Einladung angenommen hatte und die große Freude des kleinen Mädchens miterleben durfte.

DAS RIESENGESCHENK

Es war einmal ... ein kleines Städtchen, das lag auf einem bewaldeten Hügel. Der ganze Stolz der Bewohner war eine riesengroße Turmuhr. Das Städtchen war so klein und das Ziffernblatt der Uhr so groß, dass alle Leute immer gut sehen konnten, wie spät es gerade war – denn damals war es noch nicht üblich, dass jeder Mensch selbst eine Uhr besaß und so wurde es in jenem Städtchen Dank der großen Turmuhr zum höflichen Brauch, immer und überall pünktlich zu erscheinen.

Doch eines Tages, da war das Entsetzen groß: Als die Bewohner an jenem Morgen erwachten und aus ihren Fenstern blickten, um zu überprüfen, ob sie auch nicht verschlafen hatten, war die Turmuhr verschwunden! Über Nacht hatte jemand ihre große Uhr gestohlen, wie war das nur möglich?

Der Stadtrat tagte und die ganze Stadt war aus dem Häuschen. Viele kamen zu spät zur Arbeit und in der Schule war es nicht einmal sicher, ob es eine Pause gab, denn niemand wusste mehr, wann eine Unterrichtsstunde vorbei war.

Der Bürgermeister rief den Ausnahmezustand aus und so hatten die Kinder der Stadt am Nachmittag schulfrei. Während den Stadtvätern die Köpfe rauchten und niemand eine Antwort auf das Verschwinden der Turmuhr hatte, wollte sich der kleine Peter auf eigene Faust auf die Suche nach der verschwundenen Turmuhr machen.

Er ging zu seinem Lieblingsplatz im Wald und dachte nach. Plötzlich hörte er ein Rascheln im Unterholz. Es war sein kleiner Freund der Fuchs, der nicht nur sehr schlau, sondern auch sehr freundlich war. „Weißt du zufällig, wo unsere Turmuhr hingekommen ist?", fragte Peter seinen vierbeinigen Freund.

„Jawohl, das weiß ich!", antwortete der Fuchs, „Der Riese vom Berg hat sie euch gestohlen, seine Frau hat morgen Geburtstag und er hat noch ein Geschenk gebraucht!"

„Was du alles weißt!", staunte Peter. „Danke dir für die Auskunft, ich werde gleich zu dem Riesen gehen und ihn bitten, uns die Uhr zurückzugeben!"

„Aber sei vorsichtig, der Riese kann gefährlich werden, wenn er wütend ist! Du musst schon einen guten Einfall haben, damit er dir die Uhr zurückgibt!", meinte der Fuchs.

Doch Peter war ein schlaues Bürschchen und so heckte der Junge gemeinsam mit seinem Freund dem Fuchs einen Plan aus.

In der Schule gab es einige ausgestopfte Tiere und eines davon war eine Eule. Diese Eule holte Peter nun und ging damit zurück in den Wald. Der Fuchs wusste, wo der Riese wohnte und wo er im Wald immer sein Nickerchen hielt. Der Riese wollte sich gerade auf einem besonders weichen, bemoosten Platz im Wald hinlegen, als die ausgestopfte Eule von einem Baum zu sprechen begann: „Herr Riese, ich habe gehört, dass du deiner Frau ein ganz besonderes Geschenk zum Geburtstag ausgesucht hast, die Turmuhr der Stadt willst du ihr schenken, was für eine gute Idee!"

Der Riese sah auf und blinzelte gegen die Sonne. Er konnte die ausgestopfte Eule im grellen Licht nicht gut erkennen und glaubte wirklich, dass das weise Federtier zu ihm sprach. Dabei saß Peter hoch oben auf dem Baum und sprach mit verstellter Stimme, damit er ungefähr so klang wie eine weise Eule.

„Ja, ja, da wird sie sich freuen, meine holde Riesin! Denn so eine Uhr hat sonst niemand hier im Wald!", antwortete der Riese stolz.

„Und von nun an wird sie auch immer genau wissen, wie spät es ist, wenn du nach Hause kommst von deinen nächtlichen Ausflügen!", sprach die ausgestopfte Eule weiter.

Jetzt war der Riese plötzlich still geworden. Er hatte nicht im Traum daran gedacht, welch schlimme Auswirkungen diese Uhr auf sein Leben haben würde. Regelmäßig ging er am Abend in den Wald, um sich mit seinen Riesenfreunden zu treffen. Und dann kam er meistens erst ganz, ganz spät in der Nacht heim. Seine Frau war dann immer stinksauer und er erklärte ihr jedes Mal, dass es doch noch gar nicht so spät sei. Dieser Trick würde in Zukunft wohl nicht mehr funktionieren, denn die Uhr würde genau anzeigen, wie lange er fortgewesen war.

Schnell sprang der Riese jetzt auf und lief davon. Ganz in der Nähe seines Schlafplatzes hatte er die Turmuhr unter einem riesigen Haufen Laub und Tannenzweigen versteckt. Er brachte diese jetzt an einen Ort im Wald, an dem sie seine Frau mit Sicherheit nie finden würde. Der Fuchs hatte alles beobachtet und war dem Riesen gefolgt und so wusste er jetzt auch, wo die Uhr zu finden war.

In der Zwischenzeit hatte Peter die ausgestopfte Eule in die Schule zurückgebracht und ging dann weiter in das Rathaus, wo den gescheiten Oberhäuptern der Stadt noch immer die Köpfe rauchten und niemand wusste, wo die Uhr geblieben war.

„Ich weiß, wo unsere Turmuhr ist!", rief Peter jetzt in den Rathaussaal hinein und alle sahen ihn verdutzt an.

Zuerst wollten sie ihm nicht glauben, doch als er ihnen die Geschichte vom Riesen und seiner Frau erzählte, da staunten die hohen Herren und so gingen sie gemeinsam mit Peter in den Wald, um die Turmuhr zu suchen. Der treue Fuchs wartete schon auf seinen Freund und führte die Mannschaft zum Versteck des Riesen. Alsbald kamen viele Leute aus dem Städtchen mit ihren Pferde- und Ochsenkarren und gemeinsam brachten sie die Turmuhr wieder zurück in die Stadt. Noch am selben Tag wurde sie am Stadtturm angebracht und zeigte den Bewohnern wieder die richtige Uhrzeit an. Ein großes Fest wurde gefeiert und Peter und der Fuchs wurden hoch gelobt für ihre Schlauheit.

Der Riese aber schenkte seiner Frau einen Strauß aus Tannenwipfeln zum Geburtstag und diese freute sich, dass er ihren Ehrentag nicht vergessen hatte. „Wie gut, dass ich ihr die Turmuhr nicht geschenkt habe", dachte er bei sich und freute sich schon wieder auf die langen Nächte mit seinen Riesenfreunden in den Wäldern.

Wie war mein Tag? Wie fühle ich mich heute?

Mein Tag war erfüllend. Gewandert
mit Lissy im Schnee auf d. Alm.
2 × Treffen mit Timo u. Jungs.
Danach Sauna u. leckeres Essen.
Ich fühl mich gut, dennoch nicht
richtig zugehörig

Was kann ich anderen von mir schenken?

Aufmerksamkeit, Gehör,
Anteilnahme, Hilfe,

Was kann ich mir selbst schenken?

Entspannung, Meditation, Zeit mit
mir,

Worüber kann ich mich freuen?
Was kann ich genießen und annehmen?

Kleine Geschenke, gemeinsame Zeit,
aktive Zeit zusammen, Abenteuer,
Wellness, Spaziergänge in der
Natur, Lob, Anerkennung
gutes Essen

Was ist das größte Geschenk für mich?

Liebe, Zuneigung, Mitgefühl,
gemeinsame Unternehmungen,
Qualitätszeit

Wofür bin ich heute dankbar?

Für die Familienzeit,
die tolle Wanderung mit Lissy,
dass alles geklappt hat in d. Orga.
Saunazeit
gutes Essen

Was habe ich in der Nacht vom
24. auf den 25. Dezember geträumt?
Diese Nacht steht im neuen Jahr für den Monat Jänner.

von roten BHs verschi. Art
Hunden und ihren Besitzern
Einzelheiten sind mir nicht in
Erinnerung geblieben "

Was war sonst noch wichtig heute?

- Aussprache mit Timo
- Absprachen f. neues Jahr
1 Partag fix freitagabends

25./26. DEZEMBER
MEINE ZWEITE RAUNACHT ERZÄHLT:

INNEHALTEN

GENIESSEN

Stefanitag

Der zweite Weihnachtsfeiertag am 26. Dezember ist im deutschsprachigen Raum dem heiligen Stephanus gewidmet. Dieser (Namens-)Tag erinnert an einen der ersten Märtyrer des Christentums und ist sogar älter als das Weihnachtsfest selbst. Brauch am Stefanitag war und ist es, die Verwandten zu besuchen. Auch das Störibrot, ein weißes Festtagsbrot, das es nur zu Weihnachten gibt, spielt an diesem Tag eine Rolle. Zum Störibrotanschneiden wurde traditionellerweise am 26. Dezember die Schwiegermutter besucht. Ähnlich dem Leonhardiritt im November kennt man an diesem Tag in Bayern den Stefaniritt.

Eine Zeit zum Innehalten

Der zweite Weihnachtsfeiertag lädt dazu ein, innezuhalten. Weihnachten ist vorbei, die meisten Feierlichkeiten sind vorüber. Wahrscheinlich stehen auch heute noch Besuche ins Haus, doch vielleicht ist es gerade der Abend, der die Gelegenheit bietet, sich so richtig auf die Zeitqualität der Raunächte einzulassen. Das Tagebuch begleitet und lädt zum Stillwerden und Anhalten ein. Ein ruhiges Plätzchen in der Wohnung kann beim Abschalten helfen, vielleicht ist es auch von Vorteil, wenn man die Familienmitglieder in das persönliche Raunächteprojekt einweiht und sich jeden Tag eine Zeit lang dafür zurückzieht. „Meine Zeit", Zeit zum Innehalten und Reflektieren, das tut nicht nur in den Raunächten gut, sondern das ganze Jahr über. In Ruhe nachdenken, Ideen kommen lassen, sich gedanklich austoben. All das bedeutet für mich Innehalten.

38

Das Tagebuchschreiben spielt eine große Rolle, denn so kommen die Gedanken zu Papier und können vielleicht tags darauf in neuem Licht betrachtet werden. Eingebungen und Ideen sind oft nur flüchtige Besucher, kaum sind sie da, sind sie auch schon wieder weg, doch das Aufschreiben hält sie fest. So geht es mir auch mit meinen Träumen – wenn ich sie nicht aufschreibe, verschwimmen sie im Lauf des Tages und sind für immer vergessen. Das Raunächtetagebuch bietet eine wunderbare Möglichkeit, seine täglichen Erlebnisse und kleinen Wunder zu Papier zu bringen.

Raunachtsgenuss
Zeit für sich zu haben ist ein wahrer Genuss. Genießen Sie die Raunächte als kleine Auszeit vom Alltag, gönnen Sie sich vielleicht mehr Schlaf als sonst, lesen Sie bis in die Nacht hinein, gehen Sie spazieren, malen Sie, schreiben Sie oder tanzen Sie zu Ihrer Lieblingsmusik. Die Raunächte auszukosten ist eine feine Sache, selten im Jahr kann man sich selbst so nahe kommen wie in jenen Tagen. Seien Sie bereit für große und kleine Wunder. Es ist eine magische Zeit und wer sich bewusst darauf einlässt, kann viel erleben. Vielleicht im Innen, vielleicht auch im Außen. Halten Sie die Augen offen und verhalten Sie sich „wunderbar". Erlauben Sie sich Dinge, die Sie sich wünschen, genießen Sie die Raunächte als ganz persönliche Auszeit in den eigenen vier Wänden oder auch am Urlaubsort. Wer sich in den Raunächten Zeit für sich selbst nimmt, erfährt so manches neu und spürt die besondere Qualität der bewusst verbrachten Zeit.

EIN RAUCHFANGKEHRER AM STEFANITAG

Es war einmal … ein Rauchfangkehrer, der war sehr fleißig und gutmütig. Er konnte niemandem einen Wunsch abschlagen und arbeitete sogar noch am 26. Dezember, um die Rauchfänge der Leute in der Stadt zu fegen.

Eigentlich wollte er ja schon längst zu Hause sein, um sich auf das traditionelle Festessen am Stefanitag vorzubereiten, sich sauber zu machen und mit der Familie zu feiern. Aber da war noch der Anruf einer alten Dame, die ihm ganz aufgeregt auf die Mobilbox gesprochen hatte, dass es bei ihr im Haus so komisch rieche und sie Angst habe, über die Feiertage an einer Rauchgasvergiftung zu sterben. Der Rauchfangkehrer nahm die Bedenken der Leute immer sehr ernst und hatte in seiner beruflichen Laufbahn schon viele Leben mit seiner wertvollen Arbeit gerettet.

Es war kurz vor Mittag, als der gute Mann bei der besorgten Frau läutete. Schnell war das Problem gelöst, der „Schwarze Mann" hatte der alten Dame am zweiten Weihnachtsfeiertag auch noch Glück gebracht.

Mit vielen Segenswünschen bedankte sie sich und busselte den Helfer in der Not vor lauter Freude ab. „Aber gnädige Frau, ich bin ja ganz rußig!", meinte er noch, und die alte Dame lächelte.

Jetzt beeilte sich der gute Rauchfangkehrer, um schnell nach Hause zu kommen. Seine Frau würde wohl schimpfen, weil er wie jedes Jahr zu spät zum Familienessen kam. Doch als die holde Gattin die Wohnungstür öffnete, strahlte sie ihn an: „Ich dachte nicht, dass du es pünktlich schaffst!", umarmte sie ihn voller Freude und der Rauchfangkehrer wusste nicht, wie ihm geschah.

Als er auf seine Armbanduhr sah, musste er feststellen, dass diese einfach stehengeblieben war, denn als er das Haus der alten Dame betrat, hatte sie dieselbe Zeit angezeigt wie jetzt. Doch als er die Wohnung betrat, sah er, dass die Küchenuhr auch dieselbe Stunde anzeigte. Nicht seine Uhr hatte den Geist aufgegeben, sondern die Zeit war wahrhaftig stehengeblieben. „Das muss ein Weihnachtswunder sein!", dachte er. Und ja, wirklich, es war ein echtes Weihnachtswunder! Die Weihnachtsengel hatten nämlich für den lieben Rauchfangkehrer die Zeit angehalten, damit er der alten Dame helfen und trotzdem noch in Harmonie und Fröhlichkeit mit seiner eigenen Familie feiern konnte.

EIN FROSCH KAM IN DIE KÜCHE

Es war einmal ... in den Raunächten. Da geschah es, dass sich ein kleines Fröschlein in die riesige Küche eines Hotels verirrte. Draußen war es bitterkalt und anstatt im Hotelteich zu überwintern, zog der Frosch es vor, in das warme Gebäude umzuziehen.

Die anderen Frösche rieten ihm natürlich davon ab, doch unser Frosch war mutig und freute sich darauf, das Hotel auch einmal von innen kennenzulernen. Außerdem war er sehr kälteempfindlich, aber das wollte er seinen Froschkollegen nicht auf die Nase binden.

Irgendwie gelangte das Fröschlein also in die Hotelküche und war erstaunt, was es hier alles zu sehen und vor allem zu essen gab! Ganz viele leckere Sachen entdeckte er und so begann er, sich durchzukosten. Da stand noch eine Portion Vanille-Zimt-Pudding vom Abendessen und dort drüben roch es verlockend nach Fleischpastete. Süße und saure kulinarische Genüsse, die der Frosch zuvor nie gekannt hatte, breiteten sich nun vor ihm aus. Im Teich war der Speiseplan eher langweilig und seine Menüs dort bestanden nur aus kleinen Insekten und glitschigen Pflanzen.

Ganz hinten in der Küche, da war der Frosch noch nicht gewesen. Ein süßer Geruch zog ihn magisch an und so hüpfte er schnell in einen kleinen Topf, in dem sich feine Schokoladensauce befand. Zum Glück war die Sauce nicht sehr tief und so stand der Frosch jetzt bis zum Bauch in flüssiger Schokolade. Welch ein Fest! Er schmatzte und schleckte und als er beim besten Willen nicht mehr konnte, sprang er mit letzter Kraft aus dem Schokoladentöpfchen, um sich einen sicheren Platz zum Schlafen zu suchen.

Am nächsten Tag war das Geschrei groß, als die Köchinnen und Köche in die Küche kamen und überall die Schokoladenabdrücke des kleinen Fröschleins vorfanden. Leider verriet sich der Frosch mit seinen Spuren selbst und so wurde er schnell entdeckt in seinem Versteck, in dem er noch selig schlummerte und die Genüsse des Vorabends verdaute. Doch zum Glück fand ihn eine Tierfreundin. Es war eine junge Köchin, die ihm jetzt tief in die Froschaugen blickte und sagte: „Oh wie herzig, ich habe einen Schokoladenfrosch gefunden!"

Behutsam setzte sie den Frosch in eine Pappschachtel und versprach den anderen, ihn aus dem Haus zu schaffen. Doch sie brachte es nicht übers Herz, den Frosch an diesem eisigen Wintertag im Freien auszusetzen. Also nahm sie ihn mit auf ihr Zimmer.

Und weil sie nicht nur eine Tierfreundin war, sondern auch romantisch veranlagt, küsste sie zur Sicherheit den Frosch auch noch – und siehe da, dieser verwandelte sich augenblicklich in einen ausgewachsenen Koch!

Wie seine Erlöserin wollte der Frosch nun unbedingt auch in der Küche arbeiten. Schnell heckten die beiden einen Plan aus. Und da Personal zwischen Weihnachten und Dreikönigstag immer knapp war, durfte der Frosch in Menschengestalt nun in der Küche mithelfen. Besonders zog es ihn natürlich immer wieder zu der Schokoladensauce.

Und wenn er nicht gestorben ist, dann nascht er wohl heute noch gerne und lebt glücklich und zufrieden mit seiner Köchin bis an sein Lebensende.

Ich genoß meine Wanderung mit Lissy
2000 m ü. N.N. (Zallinger). Es war an-
strengend und doch schön. Ich fühle mich
geliebt von meinen 3 Männern.
Am Abend fühlte ich mich hilflos
(Kreislauf sackte ab nach Sauna)
Auch als Retter fühlte ich mich ein bißchen,
als vor mir eine Frau Kreislaufprobleme
hatte.

auf der Wanderung
abends im Wellnessbereich

Meditation hören ohne Nebengeräusche
in der Natur aufhalten
mit mir sein
tanzen !!!

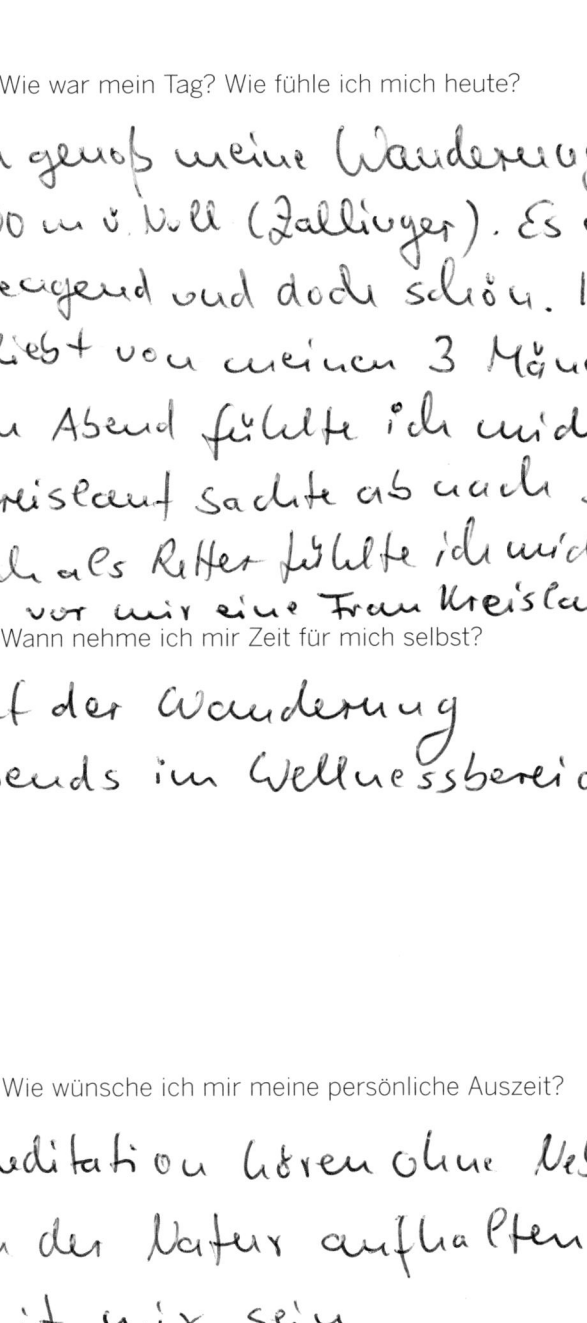

Was habe ich in der Nacht vom
25. auf den 26. Dezember geträumt?
Diese Nacht steht im neuen Jahr für den Monat Februar.

Wieder von N. Ich sagte ihm, dass ich nicht warten werde, keine Alternativlösung bin. Auch ein anderer Mann spielte noch eine Rolle, den ich "abbeißen" ließ ...

Was war sonst noch wichtig heute?

der Kreislauf Kollaps erstaunte u. ängstigte mich zugleich.
Timo reagierte schleppend als ich ihn um Hilfe bat da mir schwarz vor Augen wurde.

44

26./27. DEZEMBER
MEINE DRITTE RAUNACHT ERZÄHLT:

LOSLASSEN
EINLASSEN
ZULASSEN

Was möchte ich in meinem Leben loslassen?
Die Raunächte sind eine gute Gelegenheit, um sich die Frage zu stellen, was man in seinem Leben loslassen möchte. Das können überschüssige Kilos sein, ebenso wie die Angewohnheit, keinen Sport zu treiben. Gute Vorsätze gibt und gab es schon immer zum Ende des alten und vor allem zum Beginn des neuen Jahres. Doch halten Vorsätze meistens nicht so lange, wie man das selbst ursprünglich vorhatte. Sich eingehend mit den Lebensbereichen auseinanderzusetzen, in denen man etwas ändern oder loslassen möchte, kann helfen, tiefer zu gehen. Aus dem Vorsatz könnte eine Überzeugung werden, denn vieles fällt einem leichter, wenn man überzeugt davon ist. Nehmen wir das ewige Gewichtsthema. Natürlich ist es gesünder, wenn man nicht zu viel isst und trinkt und sich mehr bewegt – doch sich nur zu kasteien bringt auf Dauer auch kein Lebensglück. Der Mittelweg wäre die Lösung, die uns hilft, in Balance zu bleiben. Die eierlegende Wollmilch-Lebensform, die es uns erlaubt, glücklich zu sein und uns gleichzeitig körperlich fit zu fühlen, gibt es vielleicht wirklich. Natürlich bedeutet dieses Mittelding für jeden Menschen etwas anderes, doch wäre es schön, dieses Etwas zu finden und beizubehalten. Ein Mittelding, das sind auch die Raunächte, sie verbinden das alte mit dem neuen Jahr, sind eine Zeit, in der mehr möglich scheint als sonst. Eingebungen, Inspiration und gute Gedanken können dazu beitragen, die innere Balance zu finden, unseren ganz persönlichen Mittelweg. In einer Mußestunde kommen vielleicht genau die Ideen, die dabei helfen, sich von negativen Dingen, Angewohnheiten oder gar

Beziehungen zu lösen. Das Loslassen aus Überzeugung und mit einem guten Gefühl bringt einen dann auch wirklich ans Ziel. Denn alles, was mit Zwang erreicht wird, hält nicht lange, das wissen viele aus eigener Erfahrung. Das Bauchgefühl ist es, das uns in den Raunächten – und natürlich auch sonst – führen soll, aber der leichtere Zugang zur Anderswelt in den Raunächten bedeutet für mich persönlich auch den besseren Zugang zum eigenen Unterbewussten, um Kontakt zu unserer ganz individuellen „Anderswelt" aufzunehmen.

Worauf möchte ich mich künftig mehr einlassen?

In der Zeit zwischen der Zeit – wenn das alte Jahr endet und das neue beginnt – geht es natürlich um das Wohlfühlen. Was tut mir gut? Wovon kann ich nicht genug bekommen? Wer oder was macht mich glücklich? All diese Fragen haben eines gemeinsam, ihre Antworten sollen stärken und Kraft spenden. Manchmal ist es gar nicht so einfach, diese Fragen für sich selbst zu beantworten. Zu weit haben wir uns oft schon von unserem ganz persönlichen Glückskern entfernt, der uns Freude spendet und das Herz nährt. Oft sind es ganz banale Dinge, wie das Streicheln einer Katze, und schon fühlen wir uns gut, besser, fröhlich, entspannter oder einfach nur glücklich. Die Zeit mit uns selbst ist oft rar und so bieten die freien Tage in den Raunächten möglicherweise die Chance, die innere Kraftquelle wieder zum Sprudeln zu bringen, sich wieder mehr auf sich selbst einzulassen, sein bester Freund und Berater zu sein, sich selbst seine Wünsche zu erfüllen. Doch bevor man sich seine Wünsche erfüllen kann, muss man tief in sich hineinhören, um herauszufinden, was man sich wirklich von Herzen wünscht. Die Raunächte laden dazu ein, mit sich selbst wieder mehr in Kontakt zu kommen. Über das Schreiben, über das Lesen, über das Malen, über das einfache Dasein und die Kraft, die sich entfaltet, wenn man einmal Zeit hat, sich frei zu fühlen, um über sich selbst und seine Herzenswünsche nachzudenken.

Was kann ich (noch) nicht zulassen?

Nach Ideen und Gedanken zum Ein- und Loslassen kommen wir zum Zulassen. Wovor habe ich Angst, was möchte ich wagen, wo

verzagt mir der Mut? Ist es das Sprechen vor vielen Menschen oder vielleicht das Autofahren bei Dunkelheit? Ängste sind natürlich, gehören zu uns und helfen manchmal auch, nicht verletzt zu werden. Doch dürfen wir uns in den Raunächten auch unseren Ängsten nähern, spielerisch, einfach, ohne Druck. Loslassen, Einlassen und Zulassen sind eng miteinander verwandt. Vielleicht finden Sie den roten Faden, der diese drei Bereiche in Ihrem Leben verbindet. Es ist die eigene Anderswelt, die uns einlädt, genauer hinzuschauen, ohne Scham, ohne Vorwurf oder Vorurteil. Wir dürfen so sein, wie wir sind, wir dürfen uns aber auch das Leben leichter machen, wenn wir das können. Oft sind es bestimmte Fähigkeiten, die wir uns nicht zutrauen. Malen, Singen, Tanzen, Schreiben! Kreativität steckt in jedem von uns und lässt vieles frei, was vorher noch nicht herausdurfte, wollte oder konnte. Mithilfe von kleinen Übungen und Anregungen können sich neue Aspekte im eigenen Selbst zeigen, die verwirklicht werden wollen, oder auch alte, die man schon längst vergessen glaubte. In den Raunächten ist vieles möglich, nehmen Sie sich die Zeit und horchen Sie in sich hinein. Was möchten Sie in Ihrem Leben zulassen?

VON EINER DIE AUSZOG, DAS LOSLASSEN ZU LERNEN

Es war einmal … vor langer, langer Zeit. Da gab es eine Frau, die konnte einfach nicht loslassen. Sie ging zum Bäcker, um Brot zu kaufen und wollte ihr Geld nicht hergeben. Schon blöd, denn dadurch bekam sie auch kein Backwerk mit nach Hause. Sie schrieb einen Brief und schaffte es nicht, diesen abzuschicken, denn dann hätte sie ihr Schriftstück ja loslassen müssen. So konnte das nicht weiter gehen. Die Frau hatte ein großes Problem und das wusste sie auch.

Eines Tages reichte es ihr selbst und sie ging zu einer weisen Frau, die im Wald lebte und nur von jenen Menschen gefunden werden konnte, die es mit ihrem Anliegen wirklich ernst meinten. So war es mit der Frau, die nicht loslassen konnte, ihr war es wirklich ernst mit ihrer Sache und deswegen fand sie auch auf Anhieb den Weg zur Alten im Wald.

„Was ist dein Begehr?", fragte diese und die Frau erzählte von ihrem Problem. Die Alte sagte: „Du hast kein Vertrauen ins Leben, du glaubst, wenn du etwas festhältst, bleibt alles so, wie es ist. Veränderung ist der Sinn des Lebens – du steckst fest, in deinem Festhalten und nicht Loslassen-Können. Du musst das jetzt schleunigst lernen, in jedem Moment deines Lebens musst du versuchen, loszulassen, sonst stirbst du noch irgendwann und hast vorher nie richtig gelebt. Und sei dir gewiss: egal was es im Leben ist, was wirklich zu dir gehört, das bleibt bei dir oder kommt zu dir zurück. Du brauchst nichts festzuhalten, außer einen Regenschirm, wenn es regnet oder einen Löffel beim Suppe essen."

Die Frau hatte verstanden, aber wie sollte ihr das Loslassen so einfach gelingen, so von heute auf morgen? Sie wusste es nicht. So ging sie wieder nach Hause und grübelte über die Worte der weisen Alten nach. Sie spürte, dass sie eine radikale Veränderung brauchte, da sie es sonst nicht schaffen würde, auch nur eine einzige Kleinigkeit loszulassen. So beschloss sie, am nächsten Tag das Dorf und ihren Heimatort hinter sich zu lassen, um in der Fremde das Loslassen zu lernen.

Dieser erste Schritt war sehr groß, es fühlte sich alles andere als gut an, von zu Hause wegzugehen, doch wusste die Frau auch, dass die Lage ernst war. Sie packte einen Rucksack mit den wichtigsten Dingen, die sie für die Reise benötigen würde, nahm ihr ganzes Geld mit und ging fort.

Schon am ersten Tag lernte sie einen Wandersmann kennen, der ihr Gesellschaft leistete. Es war schon eigenartig zu jener Zeit, dass sich eine Frau allein auf Wanderschaft begab, der Weggeselle war neugierig und so erzählte sie ihm von ihrem Vorhaben. Er war ein freundlicher Mann und hatte ein offenes Ohr und Herz für andere Menschen und so bot er der Frau sein Geleit an.

Gemeinsam marschierten sie und sprachen über Gott und die Welt. Es war ein heißer Sommertag und sie kamen an einen kleinen See. Oh, das war jetzt eine gute Übung zum Loslassen, fand der Mann. Sie sollten baden gehen und sich dabei ihrer Kleider entledigen, denn alles andere wäre dumm gewesen. Die Frau bestand jedoch darauf, alleine im See zu baden, der Wandersmann musste sich währenddessen gedulden und auf sie warten, denn der Anstand gebot es so. Loslassen hin oder her, es genügte ihr erst einmal, sich von den züchtigen Kleidern zu befreien und nackt ins kühle Nass zu steigen.

Oh, wie wohl tat das nach dem langen Marsch in der glühendheißen Sommerhitze. Die Frau schwamm vergnügt im See und vergaß dabei ganz darauf, auf ihre Kleider zu achten. Sie hatte zum ersten Mal in ihrem Leben so richtig losgelassen, das erfrischende Erlebnis im See war überwältigend und sie genoss die Abkühlung so sehr, dass sie sich richtig wohl und glücklich fühlte. Der Wandersmann hielt Wort, er saß im Schatten eines Baumes und wagte es nicht, einen Blick auf den See zu werfen. In der schwülen Mittagshitze war er bald eingeschlafen und die Frau genoss noch immer das kühle Bad. Doch irgendwann hatte sie genug und schwamm ans Ufer zurück. Halt, Moment – hatte sie die falsche Stelle erwischt? Hier, genau hier, hatte sie sich doch ihrer Kleider entledigt? Aber nein, das konnte nicht sein, die Kleider waren weg, und der Rucksack mit all ihren Habseligkeiten auch! Ein schlechter Scherz, dachte sie noch und rief nach ihrem Begleiter. Dieser schnarchte noch immer am weit entfernten Baumstamm und konnte das Rufen nicht hören.

Endlich war er aufgewacht, doch wusste er nicht, ob er zum See blicken durfte, es gab ja diese Abmachung, an die er sich halten wollte. Als er aber die Rufe der Frau vernahm, hielt er sich die Hand vor die Augen und marschierte in Richtung Seeufer. Oh nein – jetzt war das Gezeter groß, die Frau war während ihres Bades im See beraubt worden! Das hatte sie nun vom Loslassen, so eine Gemeinheit! Gerade war sie noch so glücklich und stolz auf sich selbst gewesen, dass sie es geschafft hatte, sich endlich einmal frei zu fühlen, zu genießen und das zu tun, worauf sie eben Lust hatte. Und jetzt, was war jetzt – ohne ihre Kleider und Habseligkeiten war ihre Reise hier zu Ende und sie wusste nicht einmal, wie sie aus dem See kommen sollte, ohne sich eine Blöße zu geben. Just in diesem Moment näherte sich eine prunkvolle Kutsche und hielt vor den beiden an. „Was ist hier los?", fragte ein adretter junger Mann aus der Kutsche heraus. „Oh, mein gnädiger

Herr, Sie müssen schon entschuldigen, ich kann das alles erklären!", säuselte der Wandersmann. „Sehen Sie diese feine Komtesse hier, sie wurde nicht nur ihrer Kleider beraubt, als sie im See baden ging, sondern auch ihrer Kutsche und all ihrer Habseligkeiten noch dazu!"

Der jungen Frau im See hatte es die Sprache verschlagen, aber der Wandersmann zwinkerte ihr aufmunternd zu.

„Oh, wie überaus unangenehm. Wir dürfen der Komtesse helfen?", meinte der feine Herr in der Kutsche.

Und ehe sie sich's versah, wurde der Frau im See eine Decke gereicht, in die sie sich einhüllte und so endlich aus dem Wasser kommen konnte.

„Mein Schloss ist nicht weit von hier, bitte begleitet mich doch, ich möchte euch hier nicht so alleine lassen in der Wildnis, ohne Kutsche und ohne Kleider!"

Und so folgten die Frau und der Wandersmann der Einladung des feinen Grafen, der nicht nur höflich und fesch, sondern auch noch reich war.

Wie sich herausstellte, fand der Graf Gefallen an der fremden Komtesse und hielt noch am selben Tag um ihre Hand an. Ihre Herkunft war ihm piepschnurzegal, denn er hatte sich gleich in sie verliebt, als er sie im See erblickte.

So hatte die Frau das Loslassen auf eine Art und Weise gelernt, wie sie es nicht für möglich gehalten hätte. Zuerst freiwillig und voller Glückseligkeit und dann durch einen Diebstahl, und damit verbunden voller Verzweiflung, Zorn und Wut. Doch ja, das Leben findet seinen Weg, und wer sich auf die Reise gemacht hat, der lernt seine Lektionen. Und was sind ein Bündel alter Kleider, ein Rucksack und ein paar Habseligkeiten gegen einen Grafen, ein Schloss und ein Leben in Hülle und Fülle?

Oh ja, oft weiß man im Leben nicht, wofür etwas gut ist. Doch eines sei gewiss, es hat alles einen Sinn und manchmal braucht es eben ein wenig Unterstützung von einem freundlichen Weggesellen, um das Loslassen zu lernen.

DAS GESUNDE TREPPENHAUS

Es war einmal … in einem Hochhaus. Da wohnte eine Familie im zehnten Stock, die war sehr sportlich. Die Leute gingen immer zu Fuß in ihre Wohnung. Die anderen Mieter des Hauses verstanden das gar nicht – es gab doch einen Lift, und mit dem war man viel schneller und bequemer unterwegs. Und noch dazu, wenn man im zehnten Stock wohnte! So wurde diese Familie oft von den anderen Mietern belächelt, aber natürlich sagte niemand etwas, es wurde immer nur hinter ihren Rücken getuschelt und getratscht.

Ein dicklicher älterer Mann aus dem zweiten Stock machte sich immer besonders lustig über die „Treppenläufer" und als ihm eines Tages eines der Mädchen dieser Familie im Erdgeschoß des Hauses begegnete, konnte er es nicht lassen und musste einen dummen Spruch loswerden: „Na, gehst du wieder zu Fuß in den zehnten Stock? Haben dir deine Eltern wohl verboten, mit dem Lift zu fahren?!"

„Nein, nein, ich darf schon mit dem Lift fahren, aber ich will gar nicht, denn es ist eine gute Übung, jeden Tag zu Fuß in den zehnten Stock zu gehen! Probieren Sie es doch auch einmal aus!", meinte das Mädchen freundlich und ging weiter.

Der dickliche Mann sah jetzt dumm aus der Wäsche. Aha, also ging das Mädchen jeden Tag freiwillig die vielen Stufen auf und ab. Und anscheinend machte es der Kleinen auch noch Spaß. Irgendwie war der Mann jetzt neugierig geworden. Am Abend, als niemand mehr im Haus zu hören und zu sehen war, machte er sich auf zu seiner Expedition ins Stiegenhaus und marschierte zu Fuß bis in den zehnten Stock hinauf. Er kam dabei ganz schön ins Schwitzen und bemerkte, dass es mit seiner Kondition nicht weit her war. So war er froh, als er bald wieder unten in seiner Wohnung im zweiten Stock angelangt war, doch trotzdem empfand er seinen Aufstieg als kleines Erfolgserlebnis. Seit langer Zeit war er wieder einmal ins Schwitzen gekommen, und das soll gesund sein, hieß es.

So begann der Mann das Stiegenhaus als sein neues Fitnessstudio zu nutzen. Am Abend ging er immer wieder zu Fuß in den zehnten Stock und manchmal sogar zweimal hintereinander. Selten traf er dabei auf andere Leute, denn alle anderen Hausbewohner fuhren ja gewohnheitsmäßig mit dem Lift.

Nach ein paar Wochen fühlte er sich schon viel fitter und hatte ein schlechtes Gewissen, dass er über die sportlichen Treppensteiger aus dem zehnten Stock so gewitzelt hatte. Mit einer heimlichen Wiedergutmachung im Arm ging er eines Abends nach oben. Er läutete an der Wohnungstür und brachte im zehnten Stock einen Obstkorb vorbei. „Als kleines Dankeschön, weil mich Ihre Tochter zum Stiegensteigen motiviert hat!", meinte er nur und wollte gleich wieder gehen. Doch der Familienvater bat ihn sogleich herein und so kam es, dass sich der Mann mit den sportlichen Nachbarn anfreundete.

Gemeinsam wurde nun ein gesundes Hausprojekt ins Leben gerufen. „Stiegensteigen für ein längeres Leben" nannten sie es. Bei einer Bewohnerversammlung berichtete der Mann über seine Erfolge und so konnten immer mehr Menschen im Haus davon überzeugt werden, dass Bewegung im Alltag sich lohnt und auch positiv auf die Gesundheit auswirkt. Einmal im Jahr gab es einen „Treppenlauf" mit anschließender Siegerehrung und einem kleinen Festakt im Gemeinschaftsraum.

Natürlich fuhren die Menschen in diesem Haus auch weiterhin mit dem Lift, aber sie benutzten immer öfter das Treppenhaus. So trafen sie sich auch häufiger und tauschten sich aus – es lernten sich sogar Leute kennen, die jahrelang im selben Haus gewohnt hatten und sich vorher noch nie gesehen hatten. Beim Stiegensteigen gab es immer eine Gemeinsamkeit, über die man schnell ins Reden kam: „Na, gehen Sie jetzt auch schon zu Fuß und verlängern dabei ihr Leben?" – ein Lächeln, eine kleine Unterhaltung und schon hatten sich wieder zwei Hausbewohner besser kennengelernt.

Wie war mein Tag? Wie fühle ich mich heute?

Ski fahren lief gut. Skistiefel drückten anfangs aber dann ließ ich mich darauf ein u. es wurde erträglich. Abends entspannt durch Meditation dann Ärger mit Jungs. Fühle mich schlecht, verägert, vernachlässigt?

Was belastet mich?
Worüber mache ich mir unnötig Sorgen?

Mich belastet die Hundesituation. Er schränkt uns ein und doch wollte/und will ich es noch immer. Belastend ist auch die Unbeweglichkeit und körperl. Bequemlichkeit meines Mannes. Sorge mich!

Was möchte ich loslassen?
Was hält mich zurück?

Den Kummer, den ich mir um Alles und jeden mache.
Zurück hält mich mein Verantwort. bewusstsein!

Was kann ich (noch) nicht zulassen?
Wo verlässt mich der Mut?

Die Liebesbeweise meines Mannes kann ich
noch nicht zulassen. Ich möchte keine
großen teuren Geschenke. Ich weiß dass
er mich liebt und ich kann ihm dies
nicht erwiedern, bin gehemmt.
Es braucht Mut auf ihn zuzugehen.
Mich fallen zu lassen.

Auf welche neuen Dinge möchte ich mich einlassen?

Wohnung in Italien, Fobi Systemische,
Partnerabende, Fremdsprache, ...

Was habe ich in der Nacht vom
26. auf den 27. Dezember geträumt?
Diese Nacht steht im neuen Jahr für den Monat März.

- Auf Josef sagt, er kann nicht auf alle
Bestellichkeiten eingen (wusste
nicht wie ich heimkommen sollte)
Ein Praktikant fragte für mich.
- Buffet richtet zu ja Rieth, ständig
fällt etwas runter u. ich will es
zurück geben in Küche aber dses
sagt ich soll es rausgeben
- Hunde überall... viele wollen
nicht, dass (Lissy?) zu ihren Hunden
kommt.

Was war sonst noch wichtig heute?

- Timo kann mit einer stillen Ablehnung
meinerseits nicht umgehen.
Reagiert über (kannst auf's Zimmer
gehen)

56

27./28. DEZEMBER

MEINE VIERTE RAUNACHT ERZÄHLT:

TATSACHEN ANNEHMEN

Tag der unschuldigen Kinder

Der Tag der unschuldigen Kinder erinnert an die Begebenheit, als auf Geheiß von König Herodes nach der Geburt Jesu Christi in Bethlehem alle Neugeborenen getötet wurden. Im Mittelalter entstand der Brauch der verkehrten Welt am 28. Dezember, die Kinder durften an diesem Tag einen „Kinderbischof" wählen und den Ton angeben. In Spanien ist dieses Brauchtum auch heute noch bekannt: Am „Tag der unschuldigen Kinder" ist es den Kindern erlaubt, die Erwachsenen ungestraft zu ärgern. Vergleichbar ist diese Tradition mit unserem Aprilscherz.

Einmal annehmen, bitte!

„Gibt dir das Leben Zitronen, dann mach Limonade daraus.", „Legt dir das Leben Steine in den Weg, dann baue dir ein Haus." Solche und ähnliche Sprüche sollen darauf hinweisen, dass es am klügsten ist, das Leben so anzunehmen, wie es ist und aus unangenehmen Momenten das Beste zu machen. Doch das ist oft leichter gesagt als getan. Aus eigener Erfahrung kennt man Situationen, die zum Aus-der-Haut-Fahren sind. „Warum immer ich, warum, warum, warum?" – meistens gibt es auf solche Fragen keine Antworten. Wer gelernt hat, die Dinge im Leben so anzunehmen, wie sie sind, für den lebt es sich eindeutig einfacher. Natürlich darf man das Annehmen nicht damit verwechseln, den Kopf in den Sand zu stecken, wenn eigentlich aktives Tun gefragt wäre.

Beginnen wir mit einem Guten-Morgen-Beispiel; wir stehen auf, sind noch müde, der Wecker hat schon geläutet, wir wollen nicht aufstehen, bleiben liegen, verschlafen. Es wäre leichter gewesen, das rechtzeitige Aufstehen anzunehmen, als anschließend dem Chef im Büro die Verspätung zu erklären. Annehmen ist ein Lernprozess, eine Übung, eine Einstellungssache, aber meistens hilft es, mit dem Alltag besser umzugehen, und sich insgesamt weniger zu ärgern. Und so dürfen wir, wenn wir wollen, in den Raunächten einen „Annehm-Probetag" einlegen und von früh bis spät üben.

Die Stimmungen unserer Mitmenschen können wir meist nicht ändern, also wäre das Annehmen derselben schon einmal eine passable Lösung. Und das Gesicht der unfreundlichen Verkäuferin möchte ich sehen, wenn Sie zu ihr sagen: „Ich nehme Ihre Unfreundlichkeit an, damit ich mich nicht darüber ärgern muss!" Natürlich müssen Sie solche Sätze den Menschen nicht ins Gesicht sagen (nur wenn sie wirklich das Bedürfnis verspüren …), doch schon in Gedanken ausgesprochen, hilft so ein innerer Dialog oft sehr schnell. So kann man sich im Annehmen üben und im Bei-sich-Bleiben, denn das soll die logische Konsequenz davon sein. Spazieren Sie heute mit offenem Herzen durch den Tag und nehmen Sie ihn an!

DER KÖNIG UND SEIN SPIEGELBILD

Es war einmal … ein fernes Königreich, da gab es einen König, der jeden Wochentag eine andere Krone trug. Er hatte sehr ausgefallene Wünsche und so ließ er sich sieben Kronen anfertigen, für jeden Tag eine. Seine Diener wussten Bescheid, und keiner wagte es, die Kronen zu vertauschen, keiner bis auf einen. Der lustige Ladislaus hatte es geschafft, sich als Hofnarr am Königshof verdient zu machen und so durfte er sich auch mehr erlauben als die anderen Höflinge. Ladislaus war lustig, aber auch weise. Nicht umsonst war er Hofnarr, seine eigentliche Pflicht war es nämlich nicht nur, den König zu unterhalten, sondern ihm auch Dinge aufzuzeigen, die sich sonst niemand zu sagen traute. Und so kam es, dass Ladislaus an einem Dienstag nicht die Dienstagskrone auf das Haupt des Königs setzte, sondern einen lebendigen Affen.

Der König saß wie immer gelangweilt auf dem Stuhl in seinem Schlafgemach und wartete, dass ihm jemand die Tageskrone brachte. Der Affe war dressiert und rührte sich nicht. Der König war über die Jahre schon so desinteressiert und abgestumpft geworden, dass ihm gar nicht auffiel, was er da heute auf dem Kopf trug. Ladislaus schmunzelte, doch er hielt das laute Lachen zurück, das ihm gerne über die Lippen gekommen wäre, zu komisch sah der König mit diesem Affen auf dem Kopf aus. So verließ der König sein Schlafgemach, um wie jeden Tag den Thron im Palastsaal zu besteigen. Dieser Thron musste wahrhaft „bestiegen" werden, denn bis man ihn erreichte, hatte man ein Podest mit 27 Stufen zu erklimmen. Der König selbst wurde jeden Tag von zwei seiner stärksten Diener hinaufgetragen. Dort oben saß er dann und empfing seine Gäste.

Der Hausverstand hatte den König schon lange verlassen, viel zu sehr lebte er täglich seine willkürlichen Launen aus, sodass sein Geist verfiel und seine Fähigkeiten, das Land zu regieren, allmählich schwächer und schwächer wurden. Dem König war langweilig, durch seine dummen Einfälle fühlte er sich zwar immer wieder kurz amüsiert, doch das hielt nie lange an. So konnte das nicht weitergehen. Doch wer sollte dem König einen Spiegel vorhalten, ohne gleich den Kopf zu verlieren? Ladislaus hatte zwar das Privileg, den König direkt ansprechen zu dürfen, doch vor einer Enthauptung war auch er nicht gefeit. So ersann er eine List, die mit dem Affen auf dem Kopf des Königs ihren Anfang nahm.

Ladislaus verkleidete sich an jenem Tag als fahrender Händler und bat darum, zum König vorgelassen zu werden. Nach den 27 Stufen der Verehrung verneigte er sich huldvoll vor dem Herrscher und wartete darauf, angesprochen zu werden.

„Was willst du hier, hast du mir etwas feilzubieten oder bist du auch so ein Bittsteller wie die vielen anderen lumpigen Kerle?"

„Hoher Herr, gelobter König, ich bin ein fahrender Händler und führe ein besonderes Zauberding mit mir, wenn ich es Euch zeigen darf?" Zauberdinge waren in jener Zeit natürlich heißbegehrt und eines Königs mehr als würdig.

„Zeig her, was du da hast, und wehe, das Ding kann nicht zaubern!"

Ladislaus sprach: „Wisset Edler, dieser Spiegel zeigt die Wahrheit an, doch könnt nur Ihr selbst Eure eigene Wahrheit erkennen, und niemand sonst!"

„Her damit!", herrschte ihn der König an.

Und so holte Ladislaus einen gewöhnlichen Spiegel aus seiner Händlertasche und hielt diesen dem König vor. Der König erschrak fürchterlich, als er den Affen auf seinem Kopf entdeckte. Wo war seine Dienstagskrone? Doch halt – bevor er zu schimpfen und wettern begann, wollte er lieber ruhig bleiben und dem fremden Händler nicht verraten, dass er, der König, einen Affen auf seinem eigenen Kopf sitzen sah!

„Habt Dank, habt Dank, und nun verschwindet, den Spiegel will ich behalten, so wie Ihr Euer Leben behalten könnt, denn ich will Euch sagen, dieser Zauberspiegel hat keinerlei Wirkung!"

Ladislaus verneigte sich wieder und sprang fröhlich die 27 Stufen hinab. Sein Plan war aufgegangen, der König glaubte, einen Zauberspiegel in Händen zu halten.

Wenn der Spiegel wirklich die Wahrheit zeigte, was könnte dieser Affe dann wohl bedeuten? Der König dachte zum ersten Mal seit langer Zeit ernsthaft nach, er machte sich Gedanken. Und irgendwann fuhr es ihm wie ein Geistesblitz durch Mark und Bein. „Ich mache mich zum Affen!" Was für eine Erkenntnis, seine vielen Allüren und Sonderwünsche, die ausgefallenen Ideen, die von seinem Hofstaat umgesetzt werden mussten, und, und, und. Der König dachte nach und dachte nach. Wie hatte es nur so weit kommen können? Warum war er in letzter Zeit so verfallen? Dem Land ging es gut, die Kornkammern waren voll, seine Minister regierten und er sah zu. Den König plagte schon seit vielen Jahren die Langeweile. Niemand brauchte ihn mehr wirklich und so führte er sich auf wie ein Narr und machte sich selbst immer mehr zum Affen. Zum ersten Mal seit langer Zeit schritt er nun selbst die 27 Stufen von seinem Thron herab und rief nach Ladislaus. „Ja, mein König, was kann ich für Euch tun?"

„Mein lieber Ladislaus, ich will nicht mehr König sein, ich ziehe mich zurück und tue fortan nur noch, was mir gefällt!" Ladislaus gab dem Affen schnell ein Zeichen und dieser sprang mit einem Satz vom Kopf des Königs und verschwand hinter dessen Rücken.

„Jetzt, wo ich diese Entscheidung getroffen habe, will ich sehen, was der Zauberspiegel mir zeigen wird!"

Der König nahm den Spiegel zur Hand und sah, dass der Affe von seinem Kopf verschwunden war. Zufrieden schaute er noch lange in den Spiegel und ging dann für immer fort.

Zuvor hatte er noch Ladislaus zu seinem Nachfolger ernannt, denn wer sonst als sein Hofnarr hätte das Zeug gehabt, einem König wie ihm auf den Thron zu folgen. Ladislaus nahm die Königswürde gerne an. Fortan regierte ein weiser König jenes Land, der es nicht verabsäumte, jeden Tag, bevor er sich schlafen legte, in den Spiegel zu blicken, um auch sicherzugehen, dass sich keine wilden Tiere auf seinem Kopf befanden.

EINMAL REGENWETTER, BITTE!

Es war einmal ... ein Mann, der wollte das Wetter beeinflussen. Natürlich gelang ihm das nicht, aber er hatte sich nun mal in den Kopf gesetzt, dass nicht er sich nach dem Wetter richten wollte, sondern dass die Sonne gefälligst auf sein Kommando scheinen, die Wolken auf sein Geheiß regnen und die Temperaturen ebenso steigen oder sinken sollten – ganz wie es ihm gefiel! Doch wie gesagt, er hatte kein Glück mit seinen Beschwörungen und Ritualen, der Himmel machte, was er wollte und das war auch gut so.

So saß der Mann wieder einmal missmutig im Park und ärgerte sich, dass es so heiß war und man es vor lauter Schwitzen kaum aushalten konnte. Ein älterer Herr gesellte sich zu ihm auf die Parkbank und natürlich unterhielten sie sich über das Wetter.

„Nicht auszuhalten diese Hitze!", beschwerte sich der Unzufriedene.

„Ach ja, es geht schon, im Baumschatten ist es doch angenehm, und morgen soll es laut Wetterbericht ja schon wieder Regen geben.", entgegnete sein Gesprächspartner.

„Oh wie würde es mir gefallen, das Wetter selbst bestimmen zu können!", philosophierte der Mann und sah dabei in den Himmel hinauf.

Der ältere Herr lächelte und sagte: „Soll ich ihnen ein Geheimnis verraten? Ich weiß, wie man Regen macht!"

Der Wetterquerulant wurde neugierig: „Ja wirklich? Das müssen Sie mir verraten! Ich zahle Ihnen, was Sie wollen, wenn Sie mir sagen, wie man Regen macht!"

„Das ist ganz einfach, und Sie sollen mir auch kein Geld dafür geben. Nehmen Sie einfach ein Nudelsieb und einen Liter Wasser zur Hand. Gehen Sie damit um Mitternacht in den Garten und leeren Sie das Wasser durch das Nudelsieb auf die Erde. Und fertig ist der Regenzauber!"

Der ältere Herr erhob sich von der Parkbank und ging. Seine Mission war erfüllt und der Wetternärrische rieb sich die Hände. Gleich heute Nacht wollte er es versuchen, mit diesem Zauber Regen zu schaffen. Aber halt – der Wetterbericht sagte für morgen Regen, wie sollte er feststellen können, ob das dann „sein" Regen war oder ob das Nass sowieso vom Himmel gefallen wäre?

So wollte der Mann noch warten, bis es wieder ein paar Tage durchgehend trocken war. Er freute sich auf sein Experiment und bald schon ging er um Mitternacht ins Freie und leerte einen Liter Wasser durch ein Nudelsieb auf die Erde.

Noch in der Nacht fing es zu regnen an, obwohl die Prognosen Schönwetter verheißen hatten. Es schüttete wie aus einem Nudelsieb und der Mann freute sich. In der nächsten Nacht wollte er es noch einmal wissen und wieder schüttete er einen Liter Wasser auf die Erde – diesmal jedoch durch ein Teesieb, denn er hatte auch noch vor, die Form des Niederschlags zu beeinflussen. Und wirklich, am nächsten Tag nieselte es ganz fein wie durch ein Teesieb und der Mann freute sich wie ein kleines Kind.

Doch seine Experimente waren noch lange nicht zu Ende. Eines Nachts schüttete er nicht nur einen, sondern gleich drei Liter Wasser durch das Nudelsieb und siehe da, tags darauf wurden die Regenmassen so heftig, dass die Flüsse und Bäche über ihre Ufer traten und es Hochwasser gab. Oje, was hatte der Mann jetzt angerichtet, ein bisschen schämte er sich schon, aber dennoch fühlte er sich wie ein kleiner Wettergott. Heute Nacht würde er kein Wasser mehr durch ein Sieb schütten, denn er wollte, dass es wieder zu regnen aufhörte. Doch es regnete weiter und weiter und das Hochwasser stieg und stieg. Schließlich drohte auch das Haus des Mannes überflutet zu werden und er raufte sich die Haare. Was er jetzt brauchte, war ein Sonnenzauber, und den sollte ihm wieder der ältere Herr verraten, den er auf der Parkbank kennengelernt hatte. In Gummistiefeln ging der Mann in den Park, aber da war niemand anzutreffen, denn das Wasser stand kniehoch und niemand hatte Lust, sich freiwillig draußen aufzuhalten. Es regnete und regnete und wollte nicht und nicht aufhören. Das Hochwasser stieg weiter und der ganze Ort stand unter Wasser. Die Menschen mussten evakuiert werden und so auch der wetterunzufriedene Mann. Als er mit seinen Habseligkeiten in ein Rettungsboot stieg, traute er seinen Augen nicht. Im Boot saß jener alte Mann, der ihm den Regenzauber verraten hatte. Natürlich wollte der „Regenmacher" nicht zugeben, dass er es gar zu wild getrieben hatte mit seinen Wetterexperimenten, doch musste er den Alten jetzt unbedingt fragen, ob er auch einen Sonnenzauber kannte. Der alte Herr lächelte und sagte: „Mein Lieber, jetzt sitzen wir alle in einem Boot!" Dann schwieg er.

„Ja aber Sie müssen doch auch wissen, was zu tun ist, damit der Regen wieder aufhört, oder?" – der Mann wurde ungeduldig. Der Alte sagte: „Was machen Sie, wenn der Wasserhahn rinnt und Sie wollen das Wasser wieder abstellen?"

„Ich drehe den Hahn zu!"

„Ja genau!" „Und so ist es auch mit dem Regenzauber!"

„Aber ich kann doch ein Sieb nicht zudrehen!"

„Nicht zudrehen, doch Sie hätten statt dem Sieb einen Topf nehmen können, der dicht ist!"

In diesem Moment fiel der erste Sonnenstrahl seit langer Zeit durch die Wolkendecke.

„Da!", rief der Mann und freute sich zum ersten Mal darüber, dass das Wetter so war, wie es war.

Und alle anderen, die in dem Boot saßen und nicht wussten, wem sie das Hochwasser zu verdanken hatten, freuten sich auch.

Der Wasserpegel sank langsam wieder und die Menschen konnten in ihre Stadt zurückkehren. Eigenartigerweise waren die anderen Städte und Dörfer ringsum von diesem spontanen Wasserschub verschont geblieben.

Der selbsternannte Wettergott war nun geläutert und sah ein, dass man mit dem Wetter nicht experimentieren und spielen sollte, weil sonst schlimme Dinge passieren können. Doch ein einziges Mal noch wollte er die Sache mit dem Regenzauber ausprobieren. Immerhin wusste er ja nun, wie man den Regen wieder abstellen konnte. Wieder schüttete er das Wasser um Mitternacht durch das Sieb, doch nichts geschah. Denn als der wetterverrückte Mann durch sein Unwissen und seine Neugier das Hochwasser ausgelöst hatte, da beschloss man im Himmel, auch noch die letzten verbliebenen Wetterzauber aus dem großen Zauberbuch zu streichen. Die Menschen waren einfach nicht dafür geschaffen, mit diesen Dingen umzugehen. Viel zu groß war die Versuchung, nur auf die eigenen Wünsche Rücksicht zu nehmen und damit das große Ganze aus den Augen zu verlieren. Und so ist es auch noch heute – das Wetter ist für alle gleich gut oder schlecht – und so soll es auch bleiben!

Wie war mein Tag? Wie fühle ich mich heute?

Ich habe den Tag mit Julian verbracht
Es war relaxed. Wir redeten wenig
aber er musste zwischendurch immer
wieder mich "hochnehmen"
Ansonsten hatte ich den ganzen Tag
leichte Kopfschmerzen,

Was stört mich?

Dass ich von meinem ältesten Sohn
nicht respektiert werde.
Oft wird mir nicht zugehört oder ich
werde nicht gesehen. Das verletzt mich
und ich reagiere gekränkt und bockig.

Was kann ich ändern?

Sagen was ich mir von meinem
ggf. wünsche.

Was kann ich nicht ändern? Das Aussehen meines Mannes
Wie gehe ich damit um?

- Ich spreche es immer o. immer wieder an.
Dies ändert garnix. Im Gegenteil.
. Kein Sex mehr

Was bin ich bereit, anzunehmen? Aussprechen, was mich
Welche Strategie hilft mir dabei? stört.

Was habe ich heute angenommen/akzeptiert?

Das alles eben so ist wie es ist.

Was habe ich in der Nacht vom
27. auf den 28. Dezember geträumt?
Diese Nacht steht im neuen Jahr für den Monat April.

– durcheinander geträumt
aufgewacht, nicht niedergeschrieben,
vergessen.

Was war sonst noch wichtig heute?

- Zeit mit meinem großen Sohn !

28./29. DEZEMBER
MEINE FÜNFTE RAUNACHT ERZÄHLT:

GESUNDHEIT HINTERFRAGEN
GEWOHNHEITEN BELEUCHTEN

Es heißt, Kinder, die in den Raunächten geboren werden, neigen zur Hellsichtigkeit. Vielleicht kennen Sie auch Menschen, die zwischen Weihnachten und Dreikönigstag geboren wurden oder haben in dieser Zeit selbst Geburtstag. Früher war es nicht so gerngesehen, wenn ein Kind am 24. Dezember das Licht der Welt erblickte, dieser Tag war für die Geburt des Jesukindleins reserviert und kein Mensch sollte ihm Konkurrenz machen. Zum Glück ist das heute nicht mehr so und die Sichtweise hat sich verändert.

Gesundheit hinterfragen
„Die Gesundheit ist unser kostbarstes Gut." „Gesundheit ist nicht alles, aber ohne Gesundheit ist alles nichts." Weise Sprüche, die uns den Wert der Gesundheit in Erinnerung rufen. Viel zu selbstverständlich nimmt man den eigenen Körper jeden Tag in Gebrauch und wenn man kein Hypochonder ist, dann hinterfragt man selten die körperliche Funktionstüchtigkeit. In den Raunächten können wir uns Zeit nehmen, um in uns hineinzuhorchen, nicht nur in unsere Psyche, sondern auch in unseren Körper. Wo zwickt's? Welcher Teil bräuchte wieder mal eine genauere Begutachtung? Wann war der letzte Zahnarztbesuch? In den Raunächten einen Zahnarzttermin vereinbaren zu wollen ist keine gute Idee, denn die meisten Ärzte haben jetzt Urlaub. Aber planen kann man für das neue Jahr, sich eine „gesunde Liste" schreiben, was man sich für die eigene Gesundheit vornehmen möchte. Vielleicht eine Gesundenuntersuchung? In diesem Zusammenhang würde es heute auch gut passen, die Hausapotheke zu überprüfen und auszumisten.

Gewohnheiten beleuchten

Wieder so ein Raunächte-Check, um uns selbst auf die Schliche zu kommen. Gibt es Angewohnheiten, die unser Leben komplizierter machen, die wir vielleicht gar nicht brauchen und die uns aus lauter Gewohnheit gar nicht mehr bewusst sind? Erledigungen aufzuschieben bis zum letzten Moment, die Waage zu meiden und dann irgendwann vor Überraschung fast in Ohnmacht zu fallen, spät am Abend zu viel zu essen und zu trinken. Liebgewonnene Gewohnheiten sind oft nicht so einfach aufzugeben, aber versuchen Sie, sich bewusstzumachen, um wie viel schöner und einfacher, beziehungsweise auch gesünder Ihr Leben ohne gewisse Gewohnheiten sein könnte. Ein wichtiger Ansatz ist es auch, alte Gewohnheiten durch neue, bessere zu ersetzen. Nehmen wir das Beispiel Gedankenspiralen: Wäre es nicht herrlich, nicht mehr so viel zu grübeln im neuen Jahr? Oder sogar schon im alten Jahr damit aufzuhören? Nachdenken, um eine Lösung zu finden, ist okay, aber grübeln, ohne auf den Punkt zu kommen, über Dinge, die vielleicht noch nicht einmal spruchreif sind, das ist verlorene Gedankenenergie. Und Grübeln braucht leider sehr viel Energie. „Wenn das Grübeln beginnt, hört das Denken auf." – dieser Spruch stammt von mir und soll heißen, dass man sich mit kreisenden Gedanken meist nur selbst verwirrt und dadurch nicht klüger wird.

Also gut, wir sind einer Gewohnheit auf die Schliche gekommen – am besten, wir beobachten sie erst einmal, um dann zu überlegen, wie wir sie aufgeben und durch eine neue, sinnvolle Angewohnheit ersetzen können. Wäre es nicht fein, jedes Mal, wenn die Gedankenspirale losgeht, einfach „Stopp!" zu denken und stattdessen einer sinnvolleren Tätigkeit nachzugehen? Lesen könnte ein Ausgleich sein, oder Aufräumen. Wer vor lauter Grübeln „im Stau steckt", sollte es mit positiven Affirmationen versuchen. Dieses Umschalten im Gehirn ist wichtig, genau wie das Sich-selbst-auf-die-Schliche-Kommen und natürlich die Bereitschaft, wirklich etwas zu ändern.

DIE GRÜBELLIESEL

Es war einmal ... eine junge Frau, die grübelte den ganzen Tag vor sich hin. Vor lauter Grübeln vergaß sie das richtige Leben. Und natürlich zerbrach sie sich auch darüber ständig den Kopf. Am Abend grübelte sie so lange, dass sie nicht einschlafen konnte und am Morgen wachte sie vom Grübeln auf, denn mittlerweile grübelte die Frau auch schon in ihren Träumen. So wurde sie bald nur noch die Grübelliesel genannt. Das Grübeln nahm viel Raum im Leben der Frau ein und so verließ die Grübelliesel nur noch selten das Haus. Falls doch, dann grübelte sie schon Tage zuvor, wohin sie denn gehen sollte, ob das Wetter auch gut sein würde, was sie anziehen sollte und wen sie dann treffen könnte. Meist wurde so ein Ausflug vor lauter unnötiger Sorge gedanklich gleich wieder abgesagt und die Grübelliesel blieb zu Hause.

Der Kontakt mit der Außenwelt wurde immer weniger, doch eines schönen Tages bekam die Grüblerin Besuch von einer alten Freundin. Diese wusste nichts von ihren grüblerischen Anwandlungen und freute sich auf das Wiedersehen. Die Grübelliesel überlegte lange, ob sie die Tür öffnen sollte – was wenn ein Räuber davor stünde oder ein Polizist, der sie für eine Tat verhaften wollte, die sie nie begangen hatte, oder vielleicht doch eine Nachbarin, die nach Zucker fragen würde, und sie hatte doch selbst keinen! Es war ein kleines Wunder, dass die Grübelliesel dann doch noch die Tür öffnete und sich, ohne lange nachzudenken, plötzlich freute, ihre alte Schulfreundin zu sehen.

Schnell fand die Freundin heraus, dass etwas nicht stimmte, warum verhielt sich ihre Freundin nur so seltsam? Die Frage, „Wie geht es dir?" verwirrte die Grübelliesel so sehr, dass sie schließlich sogar ohnmächtig wurde. Kurze Zeit später kam sie wieder zu sich, die Freundin hatte bereits einen Arzt gerufen, doch die Grübelliesel wollte nicht ins Krankenhaus. Nein, so konnte es nicht weitergehen. Die Freundin wollte der Sache auf den Grund gehen und fand schließlich die Wurzel für die übertriebene Grübelei heraus. Es war damals, kurz nach dem Schulabschluss, da hatte sich die Liesel in den Paul verliebt. Doch Paul war sich nicht sicher, ob er die Liesel haben wollte, denn da war auch noch die Gertraud, die ihm schöne Augen machte. Und so entschied er sich schließlich – ohne lange nachzudenken – für die Gertraud. Seit diesem Zeitpunkt grübelte die Liesel, warum sich der Paul damals nicht für sie entschieden hatte. Nachdem sie nie eine Antwort auf ihre „Urgrübelfrage" bekommen hatte und seit diesem Zeitpunkt sich selbst und die ganze Welt ständig in Frage stellte, hörte auch das Grübeln nicht mehr auf.

„Aus, Schluss, Basta!", entfuhr es der Freundin. Sie wollte unbedingt helfen. Sie machte den Paul von damals ausfindig und lud ihn zu einem gemeinsamen Gespräch mit Liesel ein. Man hätte ihn kaum wiedererkannt, so viele Jahre später. Die Liesel starrte ihn an und sagte: „Warum hast du dich denn damals für die Gertraud entschieden?" Und Paul fing an, nachzudenken. „Das weiß ich eigentlich gar nicht mehr so genau, oder doch, warte, die Gertraud hatte damals schon ein Moped und mit dem sind wir dann immer herumgefahren – und ich glaube, du hast damals noch kein Moped gehabt, oder? Du weißt doch, wie jung wir damals waren ..."

Es war kaum zu glauben, aus welchem Grund Paul damals seine Entscheidung getroffen hatte. Liesel hatte die ganze Zeit geglaubt, sie wäre nicht schön genug für ihn gewesen oder sonst irgendetwas würde nicht mit ihr stimmen. Das Moped war es also. So eine Frechheit! Doch endlich gab es nun eine Antwort und Liesels Grübelei hatte ein Ende. Manchmal wollte sie sich zwar wieder über die gewohnten Gehirnwindungen einschleichen, aber dann setzte sich Liesel auf ihr neues Motorrad und brauste los, und fort war sie, die Grübelei!

DIE STADT DER TÜRME

Es war einmal ... vor langer, langer Zeit. Da gab es eine Stadt, die war voller hoher Türme. Diese gehörten allesamt reichen Familien und wer etwas auf sich hielt, der hatte auch so einen Turm. Die Menschen wohnten in diesen Türmen, manche dienten zu Verteidigungszwecken und einige wurden auch als Kerker verwendet.

Es gab damals nicht nur Angriffe von außen, sondern auch innerhalb der Stadt stritten sich die Leute. Da war es oft gut, in einem wehrhaften Turm zu leben, der als sicherer Rückzugsort für die ganze Familie diente.

So wie es schon oft in der Welt geschehen ist, verliebten sich auch in dieser Stadt eines Tages zwei junge Leute aus verfeindeten Familien ineinander und natürlich war diese Verbindung strengstens verboten. Als der Vater der heimlichen Liebschaft seiner Tochter auf die Schliche kam, schimpfte er und drohte, sie in den Kerker des Familienturmes zu sperren. Dem Sohn der anderen Familie blühte dasselbe Gezeter, auch er sollte im familieneigenen Turmgefängnis landen, wenn er die Liaison nicht beendete.

Doch die Liebenden trafen sich weiterhin heimlich und wurden verraten. Beide landeten in einem Turmverlies und litten Höllenqualen, weil sie nun voneinander getrennt waren. Das junge Mädchen hörte auf zu essen und wurde immer magerer. Der junge Mann litt unter hohem Fieber, weil ihm die Trennung so zusetzte. Die Mütter beider Familien waren sehr besorgt, die Väter aber blieben stur und wollten die Kinder für die verbotene Liebe bestrafen. Doch konnten die Frauen der beiden Herrscherfamilien ihre Kinder nicht sinnlos im eigenen Turm sterben sehen. So trafen sie sich heimlich und heckten einen Plan aus. Das war sehr gefährlich, denn hätten ihre Männer etwas von diesem Treffen mitbekommen, wären sie wohl selbst im eigenen Kerker gelandet. So verfeindet und zerstritten waren die beiden Familien, dass es schlimmer nicht mehr ging. Dabei hatte die Fehde vor vielen hundert Jahren wegen einer Kleinigkeit begonnen. Die erste Familie baute einen Turm, der war der höchste in der Stadt, dann baute die zweite Familie einen noch höheren. So eine Frechheit! Dabei wurden danach noch viele, viele weitere Türme gebaut, die immer wieder höher waren; aber nein, diese beiden Familien stritten sich seit gefühlten Ewigkeiten wegen der Turmhöhen und so entstand ein Kampf wegen nichts und wieder nichts. „Es geht um die Familienehre!", hieß es.

Doch nun war guter Rat teuer. Die Frauen reichten sich in ihrer Not und ihrer Sorge um Tochter und Sohn die Hände und schauten sich tief in die Augen: „Mir ist es vollkommen egal, dass euer Turm höher ist!", sagte die eine. „Von mir aus könnten wir die Türme tauschen, ich bin nicht stolz darauf, dass unser Turm um einen Meter höher ist als der eure!", meinte die andere. „Was können wir bloß tun, um unsere Kinder zu retten?" Da hatte die eine Frau eine Idee: „Was hältst du davon, wenn wir unsere Männer gemeinsam in einen Kerker sperren? Dann wissen sie, wie sich das anfühlt, und vielleicht raufen sie sich dann endlich zusammen. Gemeinsame Not verbindet, das siehst du doch auch bei uns!"

„Ja, aber wie sollen wir das bloß anstellen?"

„Ich habe einen Bruder und dessen Familie hat auch so einen Turm wie wir. Er findet den Turmhöhenstreit genauso sinnlos, er wird uns sicher helfen!"

So gingen die Frauen guter Dinge nach Hause. Zwei Tage später leerten sie ihren Gatten ein Schlafmittel in den Wein und kurze Zeit später schnarchten die edlen Herren auf dem Fußboden. Ein paar starke Burschen kamen nun gelaufen und schleppten die schlafenden Männer in den Turmkerker der Familie des Bruders. Schon praktisch, dass damals fast jeder in der Stadt seinen eigenen Kerker besaß.

Als die beiden Männer aufwachten, brummte ihnen der Schädel. Nachdem sie gewahr wurden, mit wem sie die Kerkerzelle teilten, wurden sie fuchsteufelswild und fingen an zu raufen. Schließlich gaben sie auf und jammerten über ihre Blessuren. „Wer hat uns das nur angetan?", fragte der eine. „Keine Ahnung!", meinte der andere. Schließlich fingen die beiden miteinander zu reden an und nach einiger Zeit fanden sie, dass sie sich gar nicht so unsympathisch waren, wie sie immer geglaubt hatten. Die Sache mit der Turmhöhe stand aber natürlich immer noch zwischen ihnen. Nach ein paar Tagen waren die beiden schon fast Freunde geworden, doch wussten sie noch immer nicht, warum sie hier im Kerker einsaßen.

Eines Tages schob man ihnen mit dem kargen täglichen Mahl auch ein Stück Papier ins Turmverlies, auf dem stand: „Ihr beiden Sturschädel, wenn ihr euch vertragt, dann kommt ihr wieder frei! Gezeichnet: Eure Frauen!" Jetzt war das Fluchen und Schimpfen nicht mehr zu überhören, laut schallte es durch die ganze Stadt: „Also waren es unsere Frauen, die uns diese Misere eingebrockt haben!"

Doch es ging um die Kinder, und die sollten nicht wegen einer sinnlosen Familienfehde sterben vor lauter Liebeskummer. Nach ein paar weiteren Tagen waren die Männer endlich zur Besinnung gekommen. „Gut, wir vertragen uns wieder und wollen das Kriegsbeil für immer und ewig begraben!", schrien sie gemeinsam aus dem Turmfenster. Als die Frauen das hörten, war die Freude groß. Tochter und Sohn waren schon längst befreit worden und durften sich wieder sehen. Schnell waren die beiden jungen Leute genesen und liebten einander von ganzem Herzen.

Nun wurden auch die zwei alten Streithähne wieder freigelassen und wussten nicht recht, wie sie reagieren sollten, als ihre Familien auf sie zukamen. Doch schnell besannen sie sich und freuten sich, dass nun alles wieder gut war. So ein paar Tage im Kerker können schon Wunder wirken und ab diesem Zeitpunkt war der alte Streit vergessen. Die Turmfrage wurde auch gelöst, denn der niedrigere Turm wurde nun um einen Meter aufgestockt und so waren die Türme der beiden Familien ab sofort gleich hoch.

Einer Hochzeit stand nun nichts mehr im Wege und so feierten die Familien ein rauschendes Fest und die beiden jungen Leute lebten glücklich und zufrieden bis an ihr Lebensende.

Wie war mein Tag? Wie fühle ich mich heute?

Was möchte ich für meine Gesundheit tun?

Meine gesunde Liste:

Was habe ich in der Nacht vom
28. auf den 29. Dezember geträumt?
Diese Nacht steht im neuen Jahr für den Monat Mai.

Was war sonst noch wichtig heute?

29./30. DEZEMBER
MEINE SECHSTE RAUNACHT ERZÄHLT:

Was bedeutet Glück für Sie?
Das Glück ist ein Vogerl? Oder doch nicht? Kann man das Glück beeinflussen oder kommt und geht es einfach, wie es ihm gefällt? Das große Glück verhält sich vielleicht so, aber das kleine, alltägliche Glück haben wir selbst in der Hand. So kann man schon von Glück sprechen und sich freuen, wenn die Sonne scheint oder man kurz vor einem Wolkenbruch gerade noch trockenen Fußes die Wohnung erreicht hat. Ein Vogelzwitschern, eine besonders leckere neue Eissorte, ein Treffen mit einem lieben Menschen, ein Parkplatz gleich vor der Haustür, der nette Herr, der einem lächelnd die Tür aufhält. Eigentlich sollte man sich jeden Abend vor dem Schlafengehen fragen: Was hat mich heute glücklich gemacht, was hat mir heute Glück gebracht? Im ersten Moment fallen einem vielleicht nicht so viele Begebenheiten ein, doch wenn man den ganzen Tag von vorne bis hinten noch einmal durchgeht, dann kommen sie zum Vorschein, die kleinen Glücksmomente. Und auch das kann eine neue Gewohnheit werden, das ganz persönliche Glückstraining, das darin besteht, schon während des Tages Augen und Ohren offenzuhalten und nach dem kleinen Glück des Alltags Ausschau zu halten. Und was natürlich besonders viel Glück bringt, ist, wenn man auch anderen Menschen einen Glücksmoment verschafft!

Glücksbringer selbst machen
Kurz vor dem Jahreswechsel kauft man gerne kleine Glücksbringer für Freunde und Verwandte, um sie gleichzeitig mit den

Neujahrswünschen am 1. Jänner oder gleich direkt in der Silvesternacht zu verschenken. Warum nicht einmal einen Glücksbringer selbst machen?

Eine Idee dazu: Denken Sie an das vergangene Jahr, was war Ihr persönlicher Glücksmoment mit Ihren Lieben? Schreiben Sie diesen auf ein kleines Kärtchen und verzieren Sie dieses bunt mit Hufeisen, Schweinchen, einem Marienkäfer oder einem Fliegenpilz. Vielleicht möchten Sie auch Steine bemalen oder kleine Hufeisen aus Teig backen? Auch mit einem Glücksluftballon, der mit einem Smiley versehen ist, fängt das Jahr gut an. Ihrer Fantasie sind keine Grenzen gesetzt!

DIE GLÜCKSELFE

Es war einmal … eine Frau namens Marie, die war – wie sie selbst glaubte – eine Pechmarie. Immer schien alles schiefzugehen. Kaum hatte sie eine kleine Freude im Leben, kam schon wieder irgendetwas daher, das ihr auch jedes noch so kleine Glücksgefühl so schnell wie möglich wieder raubte. Und je mehr „Unglücke" passierten, desto schlechter fühlte sich Marie und war noch stärker davon überzeugt, vom Pech verfolgt zu sein. Ein Teufelskreis. Denn je öfter sie darüber nachgrübelte, wie viel Schlechtes ihr im Leben schon widerfahren war, desto mehr konzentrierte sie sich auch auf die negativen Dinge im Leben. Und da unsere Gedanken auch unser Leben bestimmen, war es ganz klar, dass Marie immer unglücklicher und unglücklicher wurde.

Doch eines schönen Tages landete der Bericht dieses „Unglücksfalls" bei der Glücksfee höchstpersönlich. Die Glücksfee wohnt hoch über den Wolken und bekommt durch ihre Glückselfen immer wieder Nachrichten über alles, was sich auf der Erde so tut. Zu Silvester ist besonders viel los in Sachen Glück. Denn da wünscht sich die halbe Welt ein gutes neues Jahr und recht viel Glück. Diese guten Gedanken und Wünsche gehen nicht verloren und wirken sich besonders positiv aus, wenn sie ernst gemeint sind und von Herzen kommen.

So kam der Glücksfee also der Fall der notorischen Pechmarie zu Ohren. Sie war entsetzt! Da musste sich etwas ändern! Sie beauftragte eine junge Glückselfe, sich dieses speziellen Falles anzunehmen. Die kleine Elfe freute sich sehr, denn es war ihr erster Auftrag auf der Erde. So flog sie geschwind wie der Wind und landete sanft auf der Fensterbank des Hauses, in dem die unglückliche Marie lebte.

Diese saß gerade auf der Couch, sah fern, stopfte Pralinen in sich hinein und fand, dass sie schon wieder großes Pech hatte, weil das Fernsehprogramm gar so schlecht war und die vorletzte Praline ihren Geschmack so gar nicht traf.

Die Elfe schüttelte den Kopf. Elfen können Gedanken lesen und da war es nicht verwunderlich, dass der kleinen Elfe ganz schwindlig wurde von den vielen negativen Gedankenspiralen, die sich da in Maries Kopf drehten. Die Glückselfe musste es schaffen, diesen Kreislauf zu durchbrechen – nur wie? Elfen können mit Tieren sprechen, und so rief sie schnell ihre Tierfreunde herbei. Die Feldmäuse sollten der Elfe behilflich sein und ein vierblättriges Kleeblatt auf der Wiese zu finden.

Das war gar nicht so einfach, aber dennoch möglich. Da die Elfe wusste, dass vierblättrige Kleeblätter bei den Menschen als Glückssymbol gelten, war das schon einmal ein guter Ansatz, um der vom Pech verfolgten Marie Glück zu bringen.

Die flinken Mäuse wurden bald fündig und übergaben der Elfe das vierblättrige Kleeblatt. Diese steckte jetzt geschwind ihre zarten Elfenfinger in dem Mund und pfiff einen Marienkäfer herbei. Denn auch diese kleinen rot-schwarzen Käferchen sind bei den Menschen als Glücksbringer bekannt. Perfekt! Jetzt fehlte nur noch eine Schwalbe, um die beiden Glücksbringer stilecht zu überbringen.

Als die „Pechmarie" an diesem Tag das Haus verließ, um den Müll wegzubringen, staunte sie ganz schön, als eine kleine Schwalbe dicht über ihren Kopf hinwegflog und dabei etwas auf den Müllsack fallen ließ. Zum Glück war dieser verschlossen, sonst hätte die arme Marie ihr neues Glück vielleicht noch entsorgt, bevor sie es entdecken konnte. Das wäre dann wirklich ein Pech gewesen. Doch so war es nicht.

Sie stellte den Müllsack ab und untersuchte das kleine Pflänzchen, das darauf gelandet war: Ein vierblättriges

Kleeblatt und obendrauf noch ein Marienkäfer! Jetzt strahlte Marie über das ganze Gesicht. Wenn das kein gutes Zeichen war oder nein, diese Begebenheit „Zeichen" zu nennen, wäre fast schamlos untertrieben gewesen, nein, es musste sich hier wohl um ein handfestes Wunder handeln, da war sich Marie ganz, ganz sicher!

Was kann man nicht alles glauben und was hat man nicht schon alles gehört, aber dass ein vierblättriges Kleeblatt mit einem Marienkäfer zu einem geflogen kommt, und das noch mit einer Schwalbe – da konnte nicht einmal die pechverfolgte Marie anders, als an das wahre, echte, pure und nur für sie allein bestimmte Glück zu glauben. Von einer Sekunde auf die andere sah ihre Welt jetzt ganz anders aus. Der glückliche Umdenkprozess konnte endlich beginnen.

Die Glückselfe freute sich, dass sie Marie so erfolgreich Glück gebracht hatte! Sie bedankte sich bei den Tieren für die Unterstützung und überlegte, wie sie Marie auch weiterhin mit Glücksmomenten versorgen konnte. Einmal am Tag wollte die Elfe dem Glück ein bisschen nachhelfen und so geschah es, dass sich plötzlich wundersame Dinge in Maries Leben ereigneten.

Ein Strauß Blumen von einem anonymen Absender wurde ins Büro geliefert, überall wo Marie hinkam, wurden ihr jetzt plötzlich wie selbstverständlich die Türen aufgehalten, das Auto sprang immer an, die Milch wurde nicht mehr so schnell sauer, die Nachbarin grüßte sie wieder und viele weitere kleine Glücksmomente fanden statt, sodass Marie schließlich gar nicht mehr anders konnte, als an ihr Glück zu glauben.

Nach ein paar Wochen beschloss die Glückselfe, Marie auf die Probe zu stellen. Einen ganzen Tag lang griff sie nicht mehr in ihr Leben ein, und siehe da, die Glücksmomente hatten sich verselbstständigt und fanden nun auch ohne das Zutun der Elfe statt. Marie hatte gelernt, ihr Denken auf Glück zu programmieren. Natürlich kamen auch hin und wieder Situationen vor, die nicht so ganz von Glück erfüllt waren, wie sie sich das gewünscht hätte. Aber so ist das Leben. Doch fiel Marie nie wieder in ihre alte Pechsträhne zurück.

Ein paar Mal im Jahr kam die Elfe noch zu Besuch auf die Erde, um da oder dort ein bisschen nachzuhelfen und Maries

Leben noch glücklicher zu machen. Doch so viel sei verraten: Jeder ist seines Glückes Schmied, und auch, wenn der Himmel uns hilft, sind wir doch selbst dafür verantwortlich, unser Glück selbst zu erschaffen, zu bewahren und zu erkennen.

DER HASE UND SEINE BLUMEN

Es war einmal ... ein Hase, der hatte Blumen sehr gern. Nichts machte ihn glücklicher, als auf der Wiese unter seinen Blumenfreundinnen zu verweilen, sie zu bewundern und an ihnen zu schnuppern.

Als der Hase wieder einmal so in der Wiese saß und die Gesellschaft der Blumen genoss, da kam ein anderer Hase dahergehoppelt. „Was machst du da?", fragte er.

„Ich erfreue mich daran, meinen Blumenfreundinnen beim Wachsen zuzusehen, beim Blühen und beim Tanz mit dem Wind."

„Aha", sagte der andere Hase und war eine Zeit lang still.

Auf der Wiese blühten Margeriten, Kuckucksnelken, Klee, Glockenblumen, Schafgarbe und noch viele andere Arten. Ein wunderbarer Anblick war das, doch hatte der fremde Hase gleich etwas zu meckern: „Das sind doch nur gewöhnliche Wiesenblumen. Die wirklich großen Blüten findest du in den Gärten der Menschen im Dorf und ein eigenes Geschäft gibt es da auch. Dort kann man die Blumen kaufen und mit nach Hause nehmen."

„Aha", sagte jetzt der Blumenfreund. Das wusste er nicht. Der blumenliebe Hase glaubte nämlich bis jetzt, dass es nur diese Blumen hier auf der Wiese gab und wurde jetzt nachdenklich. Für ihn waren seine Wiesenblumen das Schönste, was man sich nur vorstellen konnte. Dass es da noch größere und herrlichere Blumen geben sollte, das konnte er gar nicht glauben.

„Auf bald!", rief jetzt der Andere und hoppelte weiter.

„Halt!", rief der Blumenfreund, „Wo finde ich das Dorf mit den großen Blumen?"

„Geradeaus und bei der großen Eiche links abbiegen!"

Der Hase machte sich noch am selben Tag auf den Weg, um die beschriebenen Blumen zu finden. Bei der großen Eiche angekommen, bog er links ab und nach einer halben Stunde flotten Hoppelns sah er die Häuser des Dorfes vor sich auftauchen.

Wo würden sich wohl diese besonderen Blumen verstecken? Schon bald traf er die ersten großen Blüten in einem gepflegten Gartenbeet. Oh wie schön diese Blumen doch waren! Seine Bewunderung fand kein Ende. Doch dann fiel dem Hasen wieder ein, dass der Hasenkollege auch noch von einem Geschäft gesprochen hatte, in dem es Blumen zu kaufen gab.

Zum ersten Mal in seinem Leben sah der Hase nun Rosen, Tulpen, Gerbera, Freesien, und noch viele andere. Die Blumen standen in großen Eimern vor dem Laden und so konnte der Hase sie gut sehen. Ständig gingen Menschen ein und aus. Er traute sich nicht, den Blumen näher zu kommen, denn die Angst, als Festtagsbraten in einem menschlichen Haushalt zu landen, war einfach zu groß.

Gerade verließ wieder eine Dame mit einem riesigen Blumenstrauß den Laden. Der Strauß war so groß, dass sie diesen mit beiden Händen fassen musste, um ihn tragen zu können und der Weg der Frau führte genau bei dem Versteck des Hasen vorbei.

Und tatsächlich, es löste sich eine riesengroße Blume aus dem Strauß und fiel dem Hasen direkt vor die Pfoten. Oh wie schön, jetzt konnte er sie endlich näher betrachten. Sie war purpurrot und duftete herrlich. Als die Dame außer Reichweite war, schnappte er sich die Blume und hoppelte mit ihr zurück in den Wald. Doch bald schon ließ das schöne Ding ihr Köpfchen hängen und der Hase war traurig. Jetzt fiel es ihm wieder ein, dass die Blumen im Dorf in einem Eimer voller Wasser standen.

Schnell brachte er seine Blume an einen nahen Teich und hielt sie ins Wasser. Nach einiger Zeit erholte sich die Blume und war wieder frisch und schön anzusehen. Doch irgendwann verwelkte die rote Blume trotzdem, denn sie war ja eine Schnittblume und dazu bestimmt, nur für einen kurzen Zeitraum in einer Vase mit Wasser überleben zu können.

Traurig bemerkte der Hase, wie seine Blume immer welker und welker wurde und schließlich ganz verblühte. Doch dann erinnerte er sich wieder an seine Lieblinge, die Wiesenblumen und schnell hoppelte er zu ihnen und freute sich, dass sie alle noch da waren. Ihre Blüten streckten die Köpfchen in Richtung Sonne und schwankten fröhlich im Wind hin und her.

Ein paar Tage später kam der schwatzhafte Hase wieder angehoppelt: „Und, hast du die großen Blumen im Dorf schon gefunden?"

„Ja das habe ich, aber meine kleinen Wiesenblumen sind mir viel lieber!"

„Warum denn das?"

„Weil sie immer für mich da sind und mich einfach glücklich machen!"

Der andere Hase schüttelte den Kopf und hoppelte weiter. Er konnte den blumenlieben Hasen nicht verstehen, denn ihm selbst waren Blumen egal. Ihm stand der Sinn viel mehr nach dicken Karotten und da galt: Je größer, desto besser.

Doch unser Blumenfreund blieb zeitlebens seinen Wiesenblumen treu. Jeden Frühling wartete er schon darauf, dass sie ihre Blüten öffneten. Und so erfreuten ihn seine kleinen Freundinnen oft bis in den Herbst hinein, bis sie sich dann wieder schlafen legten, um im nächsten Jahr aufs Neue zu erblühen.

Wie war mein Tag? Wie fühle ich mich heute?

Ich hatte Angst bei der Wanderung, da dichter Nebel die Sicht versperrte und ich kein Handy dabei hatte. Später war ich stolz, trotzdem den Weg weiter gegangen zu sein, in Gedenken an Mama.

Was hat mich heute glücklich gemacht?

Den gleichen Weg zur Anita Hütte und dann Riflatsch Hütte mit Lissy zu wandern wie damals mit Mutti! Ich schrieb in den Schnee "Mama" ♡ Es war ergreifend alle Stationen des Weges nochmal zu durchleben! Stein auf Kreuz gelegt...

Was macht mich glücklich?
Was ist das größte Glück für mich?

Meine Familie macht mich glücklich und ist das größte Glück für mich! Wir sind alle gesund, uns geht es finanziell gut!

Was habe ich in der Nacht vom
29. auf den 30. Dezember geträumt?
Diese Nacht steht im neuen Jahr für den Monat Juni.

Jemand misst einen Rauch aus.
Ich will nicht zugeben, dass ich das
nicht kann. Gebe vor, keine Zeit zu
haben.
Mama war bei mir. Wir liefen
miteinander. Seite an Seite.

Was war sonst noch wichtig heute?

Ich warte vergebens auf meine
Familie am ausgemachten
Treffpunkt auf d. Piste, 1,5 Std. in
der Kälte. Diese waren schon im
Hotel. Ich fühle mich nicht wichtig

30./31. DEZEMBER
MEINE SIEBTE RAUNACHT ERZÄHLT:

Räuchern, wie geht das?

Einer der wichtigsten Raunachtsbräuche ist das Räuchern. Zu Jahresende wurden früher vor allem auf Bauernhöfen die Wohnräume und Stallungen geräuchert. Auf diese Art verabschiedete man das alte Jahr und damit auch alles Schlechte, das sich angesammelt hatte. Gleichzeitig bat man um Segen für das neue Jahr, um Glück und um reiche Ernte. Auch die Vorstellung, in den Raunächten böse Geister und Dämonen abzuwehren, veranlasste die Menschen zu Räucherritualen. Das Räuchern ist heute noch ein beliebter Raunachtsbrauch und ist wieder in Mode gekommen; mittlerweile ist das Angebot an Räucherstoffen und Räuchermischungen sehr groß. Früher wurde vor allem mit heimischen Kräutern wie Wacholder, Rosmarin, Salbei oder Thymian geräuchert. Auch Sandelholz, Fichte und Zeder kamen zum Einsatz. Die wohl beliebtesten und bekanntesten Räucherstoffe sind Weihrauch und Myrrhe. Grundsätzlich wird in allen Raunächten geräuchert. Besonders gut wirken soll das Räuchern am 21., 24. und 31. Dezember sowie am 6. Jänner.

Die Grundausstattung zum Räuchern besteht aus einem feuerfesten Gefäß, Sand, Zündhölzern oder Feuerzeug, Räucherzange, Räucherkohle und Räucherstoff. Bereiten Sie das feuerfeste Gefäß vor, indem Sie es mit Sand auffüllen. Halten Sie die Räucherkohle mit der Räucherzange (kann auch eine Zuckerzange aus Metall sein) fest und zünden Sie sie an. Lassen Sie die Kohle einmal durchglühen. Am besten, Sie zünden sie im Freien oder über einem Waschbecken an, denn beim Durchglühen können Funken sprühen. Setzen Sie die Räucherkohle auf den Sand und warten

Sie, bis die Kohle am Rand weiß wird. Geben Sie nun den Räucherstoff Ihrer Wahl in die Mitte der Räucherkohle und räuchern Sie damit Ihre gesamte Wohnräume. Währenddessen können Sie um Segen bitten. Nach dem Räuchern sollten Sie unbedingt gut lüften! Vorsicht: Die Räucherkohle kann noch Stunden nachglühen, deswegen immer gut – am besten wieder im Freien – auskühlen lassen oder mit Wasser ablöschen!

Orakel am Silvestertag

Der Silvestertag eignet sich besonders gut für Orakel. In den Raunächten in die Zukunft zu blicken hat eine lange Tradition; die Bräuche reichen vom Bleigießen bis zum Wetterlosen. Am heutigen Tag kann man auch Orakelkarten ziehen oder sich selbst ein Orakel gestalten. Früher war es auf dem Land der Brauch, dass die Leute in den Raunächten ein Spiel spielten, das „Hüterlheben" hieß. Dabei wurden unter Hüten verschiedene Symbole versteckt und die Teilnehmer durften dann jeweils einen Hut heben. Der Gegenstand, der sich unter dem Hut befand, gab Auskunft über das kommende Jahr. Für das persönliche Raunachtsorakel können Begriffe auf einen Zettel geschrieben oder Symbole ausgesucht werden, die man unter gleichaussehende Kaffeehäferl legt. Diese gut durcheinander mischen und dann ein Häferl heben. Da jede Raunacht für einen Monat im neuen Jahr steht, kann man diese Orakeltechnik während der gesamten Raunächte praktizieren. Auch in der Gemeinschaft kann dieses Orakel angewendet werden.

Vergeben ist Segen

Es heißt, die Raunächte sind dazu da, um das alte Jahr gut abzuschließen. Am letzten Tag im Jahr kann man sich Gedanken darüber machen, wem man vergeben möchte. Vergeben, das ist keine leichte Sache, oft sitzen Verletzungen tief und tun noch weh. Rufen Sie sich Ihre „Vergebungskandidaten" ins Gedächtnis. Wem möchten Sie vergeben und bei wem können Sie sich das ganz und gar nicht vorstellen? Erstellen Sie eine Liste der Menschen, denen Sie theoretisch vergeben könnten, wenn Sie wollten. Jetzt suchen Sie sich mindestens eine Person aus, der

Sie noch im alten Jahr, also heute, vergeben möchten. Schreiben Sie ihm oder ihr einen imaginären Brief, meinen Sie es ernst! Sie können schreiben was Sie wollen aber irgendwo im Text des Briefes sollte die Formulierung „ich vergebe dir" stehen. Besonders Mutige schicken diesen Brief wirklich ab, aber das muss nicht sein. Er kann genauso gut im Freien verbrannt und damit den Kräften der Raunächte übergeben werden. Schon die positive Absicht, einem Menschen zu vergeben, bewegt die Welt in die richtige Richtung. Und falls es nicht funktioniert hat, dann war es den Versuch auf jeden Fall wert. Die Namensliste sollten Sie sich bis zum nächsten Jahr aufheben, vielleicht sind Sie ja dann bereit, wieder einem Menschen zu vergeben. Ein schönes Ritual, bei dem man sich ruhig auch selbst vergeben darf.

VERGESSEN UND VERGEBEN!

Es war einmal ... eine Frau, die wollte lernen, einer anderen Frau zu vergeben. Sie hatte gelesen, dass das guttun sollte, und so dachte sie nach, wie denn das Vergeben am besten funktionieren könnte. Es war so, dass die beiden Frauen früher beste Freundinnen gewesen waren, aber dann, bei einem schönen Wiesenfest im Dorf, erwischte die Frau ihre beste Freundin, wie sie mit ihrem damaligen Liebsten Küsse austauschte. Die Frau war enttäuscht und gekränkt und alle Entschuldigungsversuche halfen nichts. Seit diesem Zeitpunkt herrschte Funkstille zwischen den beiden Freundinnen. Der Küsserkönig von damals hatte dann schließlich die Tochter des Bürgermeisters geheiratet und war bis heute als Schürzenjäger bekannt. Aber es ging gar nicht um den Mann, sondern um die große Verletzung, die durch den Vertrauensbruch der Freundin ausgelöst worden war. Jetzt hätte man argumentieren können, dass ja Alkohol im Spiel gewesen war und die Mädchen damals noch jung und unbedacht, aber das galt alles nichts, es waren nur leere Ausreden für die gekränkte Frau.

Doch warum kam sie jetzt auf die Idee, ihrer damals besten Freundin zu vergeben, so viele Jahre später? Sie wusste es nicht. Doch wollte sie es ernsthaft versuchen, kaufte Sachbücher über das richtige Vergeben, ging zu einer Psychologin und wurde dadurch auch nicht schlauer. Nächtelang wälzte sie vorgefasste Affirmationen zum Vergeben, doch nein, es wollte einfach nicht klappen. Sie war immer noch gekränkt über die alte Geschichte. Jetzt war guter Rat teuer – oder vielleicht gab es ihn sogar geschenkt?

Die Frau besuchte regelmäßig ihre Großmutter im Altenheim. Diese war schon recht vergesslich und wusste bei einigen Dingen auch nicht mehr so genau, wie sie sich zugetragen hatten. Doch freute sie sich immer wieder, wenn die Enkelin zu Besuch kam. Das Vergessen wäre eine gute Möglichkeit gewesen, die Vergebung zu erreichen, doch kann man nicht einfach auf Befehl vergessen, oder doch? Die Frau vergaß doch auch sonst so oft Dinge im Leben, Telefonnummern, Namen, die Geldbörse, den Autoschlüssel ... Von der Großmutter hatte sie einst ein kleines Sprüchlein gelernt, da war sie noch ein Kind, und dieses Sprüchlein sagte sie immer in Gedanken auf, wenn sie Dinge verlegt hatte. Dabei dachte sie an den nicht auffindbaren Gegenstand und flugs fiel ihr wieder ein, wo sie das „vergessene" Ding liegengelassen hatte. Was, wenn sie den Zauberspruch einfach umgekehrt aufsagen und dabei an die Begebenheit auf dem Wiesenfest denken würde? Einen Versuch war es wert!

An jenem Abend setzte sie sich hin und begann damit, den Zauberspruch aus der Kindheit rückwärts aufzusagen. Dabei konzentrierte sie sich auf die schmerzhafte Kussszene, die sich regelrecht in ihr Hirn eingebrannt hatte. Nichts geschah. Enttäuscht ging sie ins Bett. Doch als sie am nächsten Tag aufwachte, da war etwas anders. Der alte Groll hatte sich aufgelöst, der Spruch hatte anscheinend doch etwas bewirkt. Insgesamt war es nicht nur der Spruch, sondern der eigene Glaube daran, dass sich etwas verändern würde und so war die Frau endlich bereit, ihrer früheren Freundin zu vergeben. Es fühlte sich sonderbar leicht an, wenn sie jetzt an die Szene von damals dachte – natürlich hatte sie diese nicht vergessen, aber der Schmerz war weg und fühlte sich verblasst an. So wollte die Frau noch am selben Tag ihre Freundin aus der Jugendzeit besuchen, um ihr mitzuteilen, dass sie ihr vergeben hatte. Doch der Mut verließ sie und darum beschloss sie, den Besuch etwas aufzuschieben und verfasste stattdessen erstmal einen Brief. Auch das tat gut und weil sie nicht wusste, wie die andere reagieren würde, schickte sie den Brief erst gar nicht ab, sondern verbrannte diesen im Garten. Die Frau hatte Frieden geschlossen mit sich selbst und der Kränkung von damals. Irgendwann würde sie wieder mit ihrer alten Freundin reden wollen, aber nicht jetzt, nicht gleich. Die neue Situation musste sich erst setzen und so ließ sie es gut sein und lebte ihr Leben fortan ein wenig glücklicher und entspannter. Der alte Groll war vergessen, und durch die neue Erfahrung, vergeben zu können, wurde die Frau immer mutiger. Und irgendwann vergab sie sich auch schließlich selbst, dass sie mit dem Vergeben so lange gewartet hatte.

DER LEBENSTEPPICH

Es war einmal ... in den Raunächten. Da geschah es, dass eine junge Frau auf die Idee kam, in ihrer Wohnung eine Räucherung durchzuführen. Das Räucherwerk hatte sie zu Weihnachten von einer lieben Freundin geschenkt bekommen, die Mischung bestand aus Harzen, heimischen Kräutern und Hölzern und war selbstgemacht. Nach dem Räuchern wurde die junge Frau plötzlich sehr, sehr müde und versank in einen tiefen Schlaf. Die Räucherstoffe hatten ihr die Tür in die Anderswelt geöffnet, die sie jetzt besuchen konnte.

Auf ihrem Weg begegnete die Frau drei Spinnerinnen, die am Weltenbaum Yggdrasil saßen. Es waren die drei Nornen Urd, Skuld und Verdandi, die in den Raunächten an dem zukünftigen Schicksal der Menschen weben und den Lebensfaden spinnen. Die Frau grüßte höflich und wurde ebenso freundlich empfangen. „Willst du uns helfen?", fragten die Nornen und luden sie ein, Platz bei ihnen zu nehmen.

Als sich die Frau zu den drei Schicksalsweberinnen gesetzt hatte, entdeckte sie ein fein gewebtes Tuch an dem die Nornen gerade arbeiteten – es war ihre eigene Lebensgeschichte. Die Frau blickte auf ihr vergangenes Jahr und fand jede ihrer

Handlungen als feinen Faden in jenem Gewebe vor. Die Muster in dem Tuch setzten sich fort, sie waren entstanden durch Erlebnisse, Handlungen, Entscheidungen und vor allem durch Gedanken. Die guten Gedankengänge zeigten sich in lichten Stellen, die Sorgen, Betrübnisse und Kümmernisse waren als dunkle Flecken zu erkennen.

„Wie kann ich euch denn helfen?", fragte die junge Frau nun und die Nornen antworteten: „Schau auf dein vergangenes Jahr, siehst du die Farben, Formen und Muster?"

„Ja, ich sehe sie ganz genau!", antwortete die Frau.

„Und kannst du auch erkennen, wie sie entstanden sind?"

Die Frau nickte.

„Versuche, dich im neuen Jahr auf das Gute in dir zu konzentrieren, zehre von deinen frohen Momenten und gib nicht zu viel auf eine Niederlage. Die Menschen müssen lernen, das Licht in sich selbst zu sehen, es zu behüten und das Feuer der Liebe und Dankbarkeit in sich zu entfachen! Übe dich darin und dein Lebenstuch für das neue Jahr wird so licht und hell sein, dass es die dunklen Flecken aus der Vergangenheit überstrahlt!"

Die Frau verstand. Sie warf noch einen letzten Blick auf ihr gewebtes Leben, ehe sie aus dem Traum in der Anderswelt erwachte und sich auf ihrer Wohnzimmercouch wiederfand.

Verwundert rieb sie sich die Augen. Der Räucherduft lag noch in der Luft. War sie wirklich bei den Nornen gewesen? Jeder einzelne Satz der Schicksalsweberinnen war ihr noch gut in Erinnerung.

Seit diesem Tag war die Frau achtsamer auf ihre Gedanken, Handlungen und Worte geworden. Sie wollte sich ab sofort auf ihr inneres Licht konzentrieren und das gelang ihr auch: Das neue Jahr wurde ein schönes, fröhliches und liebevolles Jahr. Nie vergaß sie den Besuch bei den Nornen, der dazu beigetragen hatte, dass sich ihr Lebensteppich schließlich in ein strahlendes Sonnentuch verwandeln konnte.

Abends fühlte ich mich allein.
Timo war es übel u. Er war im Zimmer zeitweise.

Wie war mein Tag? Wie fühle ich mich heute?

Wir hatten zu dritt schönen
Ski Tag. Sind 1. Mal lange
Abfahrt nach St. Ulrich runter
gefahren. Abends bis 2:00 Uhr
gefeiert. Leider wenig Tanz da
DJ schlecht.

Wem möchte ich vergeben?

mir selbst, dass ich Mama an
ihrem letzten Weihnachtsfeiertag
Abend nicht zu uns einlud.

Was habe ich in der Nacht vom
30. auf den 31. Dezember geträumt?
Diese Nacht steht im neuen Jahr für den Monat Juli.

Was war sonst noch wichtig heute?

31. DEZEMBER/1. JÄNNER

MEINE ACHTE RAUNACHT ERZÄHLT:

ICH WÜNSCH DIR WAS!

Der erste Tag im Jahr war seit jeher etwas ganz Besonderes. Diesen Feiertag verbrachte man gerne damit, Verwandte und Freunde zu besuchen, um Glück im neuen Jahr zu wünschen. Auch heute noch werden Glücksbringer verschenkt, Küsschen verteilt und Segenswünsche überbracht. Am 1. Jänner „ein gutes Neues" zu wünschen hat Tradition. Diesem Tag wurde in Vergangenheit auch als „Schicksalstag" eine besondere Bedeutung beigemessen. Denn so, wie sich der Anfang des Jahres gestaltete, so würde es auch weitergehen. Man sollte daher bald aufstehen, es wurde auf Ordnung und Sauberkeit Wert gelegt, der Tag wurde so „vorbildlich" wie möglich verbracht. Begegnete man Kindern, Rauchfangkehrern, Soldaten oder gar einem Schwein, galt das als Zeichen für zukünftiges Glück. Einst gab es die Tradition, sich gegenseitig Neujahrskarten zu schreiben, heute schreibt man in der Regel E-Mails, SMS oder WhatsApp-Nachrichten.

Wünsche über Wünsche
Richtige Herzenswünsche haben meist nichts mit materiellen Dingen zu tun. Wer jemals seine eigene oder die Gesundheit von Angehörigen in Gefahr sah, wünscht sich wohl nichts sehnlicher, als Gesundheit. Und so haben viele unserer Herzenswünsche etwas mit Heilung oder „Ganzwerden" zu tun. Etwas fehlt noch zum Glücklichsein oder zum noch glücklicher sein. Gehen Sie Ihren Herzenswünschen auf den Grund, können diese erfüllt werden? Und wenn ja, was hindert Sie daran? Die persönliche Wunschforschung kann so weit gehen, dass man sich hinsetzt und eine

kleine Geschichte schreibt, in der sich der Wunsch bereits erfüllt hat. Natürlich kann diese Übung auch in Gedanken stattfinden, aber etwas zu Papier zu bringen hat einfach mehr Kraft. Wenn Sie mit Ihrer Wunschgeschichte fertig sind, lesen Sie die Geschichte sich selbst oder anderen laut vor. Wichtig ist, dass Sie Ihrem Wunsch Ausdruck verleihen, sowohl schriftlich als auch mündlich. Sind diese kleinen Rituale vollbracht, verbrennen Sie das Stück Papier, auf das Sie Ihre Wunschhandlung geschrieben haben, im Freien. Sie übergeben damit Ihren Herzenswunsch den Mächten der Raunächte.

DER PERFEKTE NEUJAHRSTAG

Es war einmal ... an einem 1. Jänner. Da glaubte ein Bauer ganz fest an einen perfekten Neujahrstag. Auch die anderen Hofbewohner mussten seine strengen Neujahrsregeln einhalten, mit denen er schon sehr früh am Morgen begann.

Der Bauer stand um fünf Uhr auf und da musste schon alles im Hof und im Stall blitzblank sein. Als erstes ging er in den Stall zu den Schweinen, denn das sollte Glück bringen – er berührte die Vierbeiner mit den Händen, obwohl er sich sonst über's Jahr nie besonders um die Tiere scherte. Aber der Bauer war ein abergläubischer Mann und so musste am 1. Jänner alles seine Richtigkeit haben, wie er meinte. Da auch Kinder Glück bringen sollen, ließ er schon zum Frühstück Kinder zu sich rufen; seine eigenen, die vom Gesinde und sogar die armen Nachbarskinder wurden heute eingeladen. Sie durften zum Mittagessen bleiben, bei dem es den traditionellen „Sauschädel" gab. Denn wer am ersten Tag des Jahres Schweinefleisch aß, dem sollte das Glück im kommenden Jahr hold sein. Soldaten und Rauchfangkehrer fehlten dem Bauern noch in seiner „Glückssammlung", aber er hatte vorgesorgt. Zum Abendessen hatte er zwei Soldaten aus der Stadt und den heimischen Schornsteinfeger eingeladen. Beim Anblick des „Schwarzen Mannes" sagte er das traditionelle Sprücherl auf und berührte dabei mit seinen Fingern gleichzeitig drei Knöpfe seines Jankers: „Oas, zwoa, drei, Glick gkehrt mei!" Zum Abendbrot gab es Linsensuppe, denn diese Speise sollte ebenso Glück bringen und das Geld im neuen Jahr nie ausgehen lassen. Auch des Bauers Kinder saßen brav beim Abendessen, das am 1. Jänner immer besonders üppig ausfiel.

Plötzlich sagte der kleine Franzi etwas, das dem Bauern gar nicht schmeckte: „Vater, gell, heute haust du uns nicht, denn das bringt kein Glück!". Der Bauer wurde vor Zorn ganz rot im Gesicht, was erlaubte sich der Sohn nur, vor den Gästen von den Schlägen zu reden, die er das Jahr über so gerne austeilte. Gerade heute wollte er sich nicht ärgern, denn sonst würde er sich wohl das ganze Jahr ärgern müssen. „Ruhig bist, Bua!", schrie er wütend und alle waren still. Jetzt war nur doch das Geklapper der Löffel zu hören, mit denen die dicke Linsensuppe in die hungrigen Mäuler geschaufelt wurde. Der Bauer ärgerte sich noch immer, obwohl er doch heute besonders fröhlich und zu allen nett sein wollte, um nur ja den Hausfrieden für das neue Jahr zu wahren. Die Bäuerin starrte in ihren Suppenteller, denn heute hatte jeder einen eigenen Teller bekommen, damit niemand neidisch wurde und zu streiten begann, wie sonst so oft, wenn alle aus einer Schüssel aßen, in der sich nicht genug Inhalt befand.

Der Neujahrstag sollte perfekt sein und alle mussten mitspielen. Sowohl für die Familienmitglieder als auch für das Gesinde am Hof war der 1. Jänner ein besonderer Feiertag. Es war der einzige Tag im Jahr, an dem der Bauer freundlich zu ihnen war und an dem es mehr als genug zu essen gab. Doch leider war das die restlichen 364 Tage im Jahr ganz anders, auch wenn der Bauer das Spektakel am 1. Jänner inszenierte wie ein Theaterstück, half das alles nichts. Am Hof herrschte der Bauer tagein, tagaus als schlimmer Tyrann und so wie man in den Wald hineinschreit, so kommt es bekanntlich wieder heraus. Niemand konnte den Bauern leiden und das wirkte sich auch auf die Arbeitsmoral aus. Die Kinder fürchteten sich vor dem eigenen Vater und wichen ihm so gut es ging aus. Auch die Frau war geplagt von des Bauern Launen und war froh, wenn sie ihn nicht oft zu Gesicht bekam. Der Bauer war ein richtiger Ungustl, doch er hatte nun mal das Sagen. Niemand traute sich, ihm gegenüber aufmüpfig zu sein. Die Zeiten waren schlecht und die Arbeitsplätze rar. Da kuschte man lieber vor dem Bauern und schimpfte dann erst hinter dessen Rücken.

In den Raunächten zog aber auch die Frau Percht übers Land, um bei den Leuten nach dem Rechten zu schauen. Der bösartige Bauer stand schon lange auf ihrer Liste und so klopfte sie an jenem Neujahrsabend an die Stubentür. Ein Knecht machte auf und berichtete dem Bauer, dass ein altes Bettelweib draußen stand und um Almosen bat. Der Bauer war hin- und hergerissen, einerseits hieß es, dass Bettler am Neujahrstag Unglück bringen und anderseits galt das Raunachtsgebot, dass man armen Leuten Essen spenden sollte, damit ihre Not gelindert und das eigene Glück vermehrt würde. „So gib' ihr ein Kletzenbrot, aber lass sie ned rein!", rief der Bauer und der Knecht tat, wie ihm aufgetragen. Doch die Alte wollte sich beim Bauern höchstpersönlich bedanken. War das ein schlechtes oder ein gutes Omen?

So stand der Hausherr endlich auf und begab sich zur Tür. Frau Percht sah ihm tief in die Augen und sagte: „Es wird nicht reichen, dass du an einem Tag im Jahr den Guten spielst, sei dir bewusst, dass das Glück nur jene verdienen, die ein ganzes Jahr von Herzen gut sind, und nicht jene, die am Neujahrstag eine Komödie vorspielen." Dem Bauer hatte es die Sprache verschlagen, auch alle anderen im Raum waren mucksmäuschenstill, schließlich hatte sich zum ersten Mal jemand getraut, sich gegen den mächtigen Bauern aufzulehnen. Als wäre eine heilige Wandlung mit dem Hausherrn vor sich gegangen, bat er die Alte nun, einzutreten und bot ihr auch noch seinen Platz am Tisch an. Ein Raunen ging durch die Leute und der Bauer selbst kümmerte sich darum, dass der Bettlerin aufgetragen wurde. War das etwa wieder nur ein Spiel? Oder war es dem Bauern diesmal ernst? Frau Percht wurde nun auch noch ein Schlafplatz angeboten, doch diese verneinte, denn sie hatte noch viele Höfe auf ihrer Liste, die sie in jener Nacht besuchen wollte. Als sich die Alte erhob und bereits in der offenen Tür stand, da hörte man sie sagen: „Unglück heraus, Glück hinein, die Percht war im Haus!". Und fort war sie.

Der Bauer schien durch die Begegnung mit der alten Weisen wie verwandelt. Er fiel auf die Knie und begann zu weinen. Welch ein Unglück, am Neujahrstag zu weinen, doch irgendwie war nun alles etwas anders geworden. Der Bauer stand auf und entschuldigte sich bei seinem Gesinde, seiner Frau und seinen Kindern für die Grausamkeiten, die Bosheit und die übertriebene Strenge, die er ihnen hatte angedeihen lassen. Die Soldaten und der Rauchfangkehrer hatten schon längst das Weite gesucht, zu seltsam gestaltete sich der Abend auf diesem Bauernhof für sie. Doch die seltsamen Geschehnisse an diesem Abend waren ein Segen für Mensch und Tier. Von jenem Tag an war der Bauer ein anderer. Und wirklich, so, wie er sich am Neujahrstag zum Guten verändert hatte, so veränderte sich auch der ganze Hof zum Positiven. Die Ernteerträge stiegen, die Bewohner und das Vieh waren seltener krank; es durfte gelacht werden, gesungen und getanzt. Die Lebensfreude hielt Einzug am Hof und der Bauer wurde ein fröhlicher Mann, der nie wieder griesgrämig war. Und wenn er nicht gestorben ist, dann ist er der Frau Percht noch heute dankbar, dass sie ihm damals die Wahrheit ins Gesicht gesagt und ihn und seine Anvertrauten damit vor einem missmutigen und unglücklichen Leben bewahrt hat.

DER STEIN, DER EIGENTLICH EIN BAUM SEIN WOLLTE

Es war einmal ... ein Stein, der wollte unbedingt ein Baum sein. Dieser einfache Kieselstein konnte es nicht glauben, dass er sein Dasein als Stein verbringen sollte und träumte tagein, tagaus nur davon, irgendwann ein Baum sein zu dürfen.

Der ungewöhnliche Wunsch sprach sich schnell herum und so kam es, dass auch die weise Eule im Wald davon erfuhr.

„Was will dieser Stein?" – überall stieß die Vorstellung, dass ein Stein zu einem Baum werden wollte auf Unverständnis und Ablehnung. Doch nicht bei der weisen Eule. So flog sie eines Nachts zu dem Kiesel, um ihn zu befragen, warum er unbedingt ein Baum sein wolle.

Dieser schlief gerade, als er vom sanften Flügelschlag der Eule geweckt wurde.

„Bist du der Stein, der ein Baum sein will?", fragte die Eule. „Ja der bin ich!" Der Stein war hellwach und freute sich sehr, dass sich endlich jemand ernsthaft für sein Ansinnen zu interessieren schien.

„Und warum willst du ein Baum sein, wenn du doch ein Stein bist?"

„Weise Eule, das weiß ich leider selbst nicht, ich weiß nur, dass mir der Wunsch, ein Baum zu sein, im Innersten meiner Steinseele brennt und ich an nichts anderes mehr denken kann."

„Nun gut mein lieber Stein, wie ich sehe, ist es dir ernst mit deinem Wunsch. Wenn du bereit bist, einige Aufgaben zu erfüllen, dann hast du vielleicht die Chance, einmal eine Ahnung davon zu bekommen, wie es ist, ein Baum zu sein."

Die Eule flog davon und ließ den Stein allein und etwas ratlos in der dunklen Nacht zurück. So schlief der Stein wieder ein und wusste danach nicht mehr, ob er die Begegnung mit der Eule nun geträumt hatte oder ob das weise Federtier wirklich zu ihm geflogen war.

Doch noch ehe die Sonne aufgegangen war, bekam der Stein schon wieder Besuch, diesmal landete eine Krähe vor ihm am Kiesweg.

„Bist du mutig? Wagst du einen Flug mit mir durch die Lüfte? Und darf ich dich als Baustein für mein Nest verwenden?", fragte die Krähe ohne Umschweife.

Ein wenig Angst hatte der Stein schon, doch kamen ihm die Worte der Eule wieder in den Sinn. Er nahm seinen ganzen Mut zusammen, dachte an seinen Herzenswunsch und stimmte zu.

Die Krähe schnappte sich den Stein mit ihrem Schnabel und erhob sich in die Lüfte. Der Stein hatte dabei wohl so etwas Ähnliches wie ein Bauchkribbeln, nur fühlt sich das bei Steinen ein wenig dumpfer an. So flog die Krähe mit ihm in ihr Nest, das sich auf einem großen Tannenbaum befand. Überglücklich, zumindest schon in der Nähe eines Baumes sein zu dürfen, ließ sich der Stein in das Nest der Krähe einbauen. Geduldig diente er im Krähennest einen ganzen Sommer lang als Baustein und hatte sich längst an die luftigen Höhen und das wunderbare Rauschen der Tannenbäume rings um ihn gewöhnt. Doch nie hatte er seinen Herzenswunsch vergessen, noch immer wollte er am liebsten selbst ein Baum sein.

Eines schönen Tages wurde das verlassene Krähennest von einer Windbö erfasst und auf die Erde geschleudert. Der Stein löste sich aus dem Nest und lag nun frei auf dem Waldboden. Die Sonne strahlte ihn an und er war weit und breit der einzige Stein, der zu sehen war. Da kam eine Kompanie Waldameisen des Weges und entdeckte den Stein. Höflich, wie Waldameisen eben so sind, fragten sie, ob sie ihn mitnehmen dürften in ihren Bau. Sie suchten schon lange nach einem passenden Rednerpult für ihre Königin und der Stein schien ihnen genau die passende Wahl zu sein.

Der Stein willigte ein und lies sich von unzähligen Waldameisen in den Ameisenbau schleppen. Die zarten Ameisenfühler kitzelten beim Tragen, so etwas war ihm wohl auch noch nicht passiert.

Im Ameisenbau erfüllte er vorbildlich seine Funktion als Rednerpult. Die Ameisen waren stolz auf ihren neuen Stein und hegten und pflegten ihn so gut sie konnten. Der Kiesel fühlte sich wohl bei den Ameisen, doch seinen Wunsch, ein Baum zu sein vergaß er auch unter der Erde nicht.

Nach einem ganzen Jahr fanden die Ameisen einen neuen Stein, der der Königin besser gefiel und tauschten diesen gegen den alten aus. Sie bedankten sich bei ihm und schenkten ihm die Freiheit, indem sie ihn genau an die Stelle am Waldboden zurückbrachten, von der sie ihn hergeholt hatten. Und der Ameisen-Transport kitzelte natürlich wieder ein bisschen.

Da lag er nun wieder, der Stein, der eigentlich ein Baum sein wollte und träumte gerade wieder einmal davon, wie es wohl sein könnte, ein Baum zu sein, als ein Kind mit seinem Vater des Weges kam und den Stein an sich nahm.

„So ein schöner Stein!", sagte das Kind, „Und so platt, der wird sicher gut über das Wasser flitzen!"

Über das Wasser flitzen? Was war denn das nun wieder? Der Stein sollte es bald erfahren. Das Kind nahm ihn in seine kleinen warmen Hände und steckte ihn in die Hosentasche. Kurz darauf holte es den Stein wieder heraus und schoss ihn zielstrebig über einen See. Ganze fünfzehnmal berührte er die Wasseroberfläche, ehe er in die Tiefe sank und zum ersten Mal auf Tauchstation ging. Das war wirklich ein großes Erlebnis für den Stein – und das Kind freute sich über seinen erfolgreichen „Plattler".

Unten am Grund des Sees gab es viele Steine, die noch nie an der Luft waren und schon gar keine Ameisen, Krähen oder Menschen kannten. Der Stein erzählte ihnen von seinen Abenteuern und natürlich auch von seinem großen Wunsch, eines Tages ein Baum zu sein. Doch noch ehe er ausreden konnte, kam schon ein grundelnder Karpfen daher und verschluckte ihn glatt. Und wie es der Herrgott so haben wollte, wurde genau dieser Karpfen noch am selben Tag von einem Fischer aus dem See geangelt.

Dieser staunte nicht schlecht, als er im Bauch des Karpfens einen wunderschönen Stein entdeckte. Mit jeder neuen Aufgabe hatte der Stein nämlich wertvolle Erfahrungen gesammelt und fing dadurch an, von innen heraus zu leuchten. Unser Kieselstein war so zu einem Edelstein geworden und der Fischer ließ ihn in Gold fassen und schenkte ihn als Brosche seiner Frau. Da glänzte er jetzt, dieser ganz besondere Stein, der sich immer weiter zu seinem Besten entwickelt hatte und immer edler und schöner wurde, sodass sein Wert auch den Menschen nicht verborgen blieb.

Die Frau des Fischers hatte nun die Angewohnheit, des Abends ihren Schmuck auf einer Kommode nahe am Schlafzimmerfenster abzulegen. Eines Nachts kam die weise Eule durch das Fenster geflogen und besuchte den Stein.

„So schön und edel wie du jetzt bist, willst du sicher kein Baum mehr werden.", meinte die Eule zu dem Stein.

„Meine liebe Eule, ich danke dir, dass ich so ein bewegtes Leben haben durfte, doch brennt in mir noch immer mein einziger und heißester Wunsch, dass ich ein Baum sein möchte."

„Nun gut, du hast alle Prüfungen bestanden, sogar die schwierigste, nämlich dich von deiner eigenen Schönheit und deiner goldenen Umgebung nicht ablenken zu lassen. Wie ich sehe, ist dir dein Anliegen, ein Baum zu werden noch immer so wichtig wie damals, als ich dich am Kiesweg zum ersten Mal traf. So Gott will, so soll es sein, du sollst zu einem Baum werden und immerzu einer bleiben."

Der Stein konnte sein Glück kaum fassen. Da er mittlerweile aber in Gold gefasst war, fiel es ihm jedoch gewissermaßen schwer, die Fassung zu verlieren.

Und so wurde ein paar Tage später im Garten des Fischers ein Apfelbaum gepflanzt. Ein ganz junges Pflänzchen, das noch keine eigene Baumseele besaß. Und zu diesem Baum durfte der vielgereiste Kieselstein schließlich werden. Die Verwandlung vom Edelstein zum Baum war wirklich eine große Sensation im Erden- und Himmelreich. Noch niemals auf dieser Welt war ein Stein in einen Baum verwandelt worden und noch niemals wünschte sich ein Stein so fest, ein Baum zu sein.

Den Stein erfüllte sein Baumleben mit großer Freude. Er wuchs heran, wurde zu einem wunderschönen Apfelbaum und trug schon sehr bald die edelsten Früchte. Und wenn ein Mensch die Früchte dieses besonderen Baumes mit Liebe, Achtsamkeit und Dankbarkeit aß, so gingen auch seine Herzenswünsche in Erfüllung.

Wie war mein Tag? Wie fühle ich mich heute?

Was fehlt mir zum Glücklichsein?

Wie kann ich meine Wünsche verwirklichen?

Meine Herzenswünsche:

Was habe ich in der Nacht vom
31. Dezember auf den 1. Jänner geträumt?
Diese Nacht steht im neuen Jahr für den Monat August.

Ich bot Janis, Simone u. Thomas
eine spärliche Unterkunft.
Sie wollten nur ein paar Tage
überbrückenung. Turnier / Helferfest
Janis. Bot Simone an, nächstes
Mal von meinem Likör (Blut)
zu probieren (großes Glas)
Ich bin mit Lissy draußen.
Sage ich muss mit ihr bißchen
weiter weg gehen da Feuerwehr
gleich Moment u. es zu laut
für sie werden könnte.

Was war sonst noch wichtig heute?

1./2. JÄNNER
MEINE NEUNTE RAUNACHT ERZÄHLT:

Das Leben ist Veränderung
Wir haben immer die Möglichkeit, eine neue Situation als Herausforderung zu sehen. Diese positiv zu bewerten und uns darauf zu freuen, etwas Neues zu lernen. Doch werden Veränderungen oft nicht so gern angenommen, obwohl sie immer auch Chancen mit sich bringen. „Nichts ist beständiger als der Wandel" lautet ein Sprichwort. Doch vor diesem Wandel fürchten sich viele und verdrängen alle Neuerungen, so lange es nur irgendwie geht. Wer sich von Anfang an darauf einlässt und sich damit auseinandersetzt, spart Energie. Denn die Angst vor dem Ungewissen ist oft groß und hindert uns gern am Voranschreiten. Heute können Sie sich mit Ihren ganz besonderen Herausforderungen befassen. Wo verlassen Sie Ihre Komfortzone und was kann Sie dazu motivieren? Die Liebe ist wohl der stärkste Motor, der uns antreibt. Sei es die Liebe zu einem anderen Menschen oder auch die Liebe an einer bestimmten Tätigkeit. Denn alles, was mit Liebe gemacht wird, hat einen besonderen Wert – man könnte diesen Wert auch als „Erfolg" bezeichnen.

Jeder Tag ist ein neuer Anfang
Das frischgebackene Jahr bietet uns neue Chancen, so wie auch jeder Tag das tut. Gehen wir also mit offenen Augen durchs Leben, stellen wir unsere Antennen auf „Empfang". Zur richtigen Zeit am richtigen Ort zu sein, ist eine Eigenschaft, die wohl jeder gern hätte. Diese Qualität hat sehr viel mit Achtsamkeit und Intuition zu tun. Wie oft ist es Ihnen schon passiert, dass

Sie, wenn Sie nach Ihrem Bauchgefühl gehandelt haben, nicht nur die richtigen Entscheidungen getroffen haben, sondern auch noch die richtigen Leute, die wertvolle Tipps parat hatten oder für die Sie in jenem Moment hilfreich sein konnten? Das Leben scheint manchmal ein großes Chaos zu sein, doch der Schein trügt. Denn je mehr wir selbst in unsere eigene Ordnung kommen, desto mehr funktioniert auch das Rundherum. Sehen Sie jeden Tag als neue Chance, Ihr Leben ein Stück weit zu verbessern. Und wenn es einen Tag mal nicht so gut klappt und alles nur schlecht gelaufen ist, dann ist das auch kein Beinbruch. Am nächsten Morgen bekommen wir gleich wieder die Möglichkeit, unser Bestes zu geben, und auch am darauffolgenden!

DER KÖNIG DES WISSENS

Es war einmal ... ein König, der lebte in einem prächtigen Schloss. Sein Land war riesengroß und seine Reichtümer unermesslich. Dieser König war zwar sehr stolz auf sein Land und seine Besitztümer, doch wusste er auch, dass das nicht alles im Leben war.

Schon als junger Prinz war ihm der Gewinn von Wissen ein wichtiges Anliegen. Viele Schriftgelehrte tummelten sich an seinem Hof und berichteten ihm von den neuesten Dingen der Welt, wie die Sterne standen und welche Mode im Nachbarland gerade aktuell war.

Doch war dem König dieses Wissen noch nicht genug. Die Informationen, die ihm seine Schriftgelehrten zusammentrugen, waren zwar interessant, doch erfüllten sie den König nicht mit jener Glückseligkeit, die er sich so sehr wünschte.

Je mehr Berater an seinen Hof kamen und je mehr wissenschaftliche Erkenntnisse, botanische Besonderheiten oder neue Fremdwörter dem König vermittelt wurden, desto mehr langweilte er sich. Der König spürte, dass ihm etwas Essenzielles im Leben fehlte.

Eines Tages ging er in den Palastgarten, um darüber nachzudenken, was ihn von seinem Glück trennte. Ein Vögelchen

kam fröhlich dahergeflogen, trällerte sein Liedchen und machte sich, so schnell es gekommen war, auch schon wieder auf und davon. Doch der König war tief berührt vom einfachen, aber wunderschönen Gezwitscher des gefiederten Tieres und er spürte plötzlich einen Hauch von jener Glückseligkeit, nach der er sich so sehnte.

Und da wurde dem König bewusst, dass Wissen allein nicht glücklich macht. Der Sinn des Lebens steckt in den Geschöpfen selbst und nicht in Fakten und Zahlen.

So rief er seine Schriftgelehrten zusammen, um mit ihnen über diese Erkenntnis zu sprechen, doch sie waren alle Männer der Wissenschaft und verstanden ihn nicht. „Der König ist verrückt geworden", munkelte man am Hof. Doch eigentlich war das genaue Gegenteil der Fall: Der König war noch nie so glücklich gewesen und wusste endlich, was er wissen wollte.

Eines Tages verkleidete der König sich und verließ in zerlumpten Kleidern unerkannt seinen Palast. Er ging in den Wald und traf dort eine alte Frau beim Holzsammeln. Als er in ihre Augen sah, blickte er in zwei Seen der Weisheit. Er wollte unbedingt mehr über diese Frau erfahren und bot an, ihr beim Holzsammeln zu helfen. So verwickelte er sie in ein Gespräch. Durch diese Unterhaltung erlangte der König mehr Wissen über das Wesen der Natur als je zuvor. Gestärkt mit den weisen Worten der Waldfrau ging seine Reise weiter.

In einem nahegelegenen Dorf traf der König ein Kind, das mit einem Ball spielte. Das Kind wollte dem König den Ball schenken. Der verkleidete König war erstaunt, denn dieses Kind hatte nichts weiter als diesen Ball, es trug keine Schuhe und sah ärmlich aus.

„Warum willst du mir denn deinen Ball schenken?", fragte der König erstaunt.

„Weil du keinen hast und ich weiß, wie viel Freude es macht, mit einem Ball zu spielen." Das Kind lächelte und streckte dem König den Ball entgegen. Dieser war so gerührt, dass ihm die Tränen kamen. Er spielte mit dem Ball und empfand dabei so große Freude, wie noch selten zuvor in seinem Leben.

Die Eltern des Kindes waren arm, doch hatten sie ihr Kind mit viel Liebe aufgezogen, und um Herzensqualitäten auszubilden braucht es bekanntlich kein Geld.

Eine dritte Begegnung erwartete den König in einem Gasthaus. Dort sah er einen Mann auf der Bank sitzen, der ein Bier trank und dabei selig lächelte. Der König setzte sich zu ihm und fragte ihn, warum er so glücklich dreinblicke.

Der Mann antwortete: „Heute ist der schönste Tag in meinem Leben!"

„Ja, und warum?", fragte der König weiter.

„Weil ich heute hier sitzen darf, mein Bier trinke und mit dir ein Gespräch führe."

„Und was ist so Besonderes daran, hier zu sitzen, ein Bier zu trinken und ein Gespräch zu führen?"

„Ich weiß es nicht", antwortete der Mann lächelnd. Der Mann schien nicht verrückt zu sein, von seinen Augen ging ein wunderbares Strahlen aus, das aus dem innersten Winkel seines Herzens kam.

Der König dachte nach und fand keine Lösung für die Glückseligkeit seines Tischnachbarn. Lag es am Bier? Oder hatte der Mann etwa erkannt, dass es sich um den König höchstpersönlich handelte, der hier mit ihm am Tisch saß?

Nein, es war die pure Lebensfreude, die diesen Mann immer und überall hin begleitete.

„Ja und was ist dann morgen? Wenn heute schon der schönste Tag in deinem Leben ist, bist du dann morgen nicht enttäuscht, wenn du aufwachst und der schönste Tag in deinem Leben vorbei ist?"

„Morgen wird es genauso sein, denn ich erlebe jeden Tag aufs Neue als den schönsten Tag in meinem Leben."

Der König war so beeindruckt, dass es ihm die Sprache verschlug und das war vorher noch nie vorgekommen. Seine Reise war hier an diesem Wirtshaustisch zu Ende. Der König war endlich angekommen. Kein einziger seiner Gelehrten hätte ihm diese Lebensweisheiten jemals lehren können.

So beschloss er, die alte weise Frau aus dem Wald, das herzliche Kind samt seinen Eltern sowie den glückseligen Wirtshausbruder einzuladen, um mit ihm in seinem Schloss zu wohnen. Die Schriftgelehrten staunten nicht schlecht, als der König mit diesen „gewöhnlichen Leuten" am Hof ankam.

Gemeinsam lehrten sie den ganzen Hofstaat nun das Wissen der Natur, das Wissen des Herzens und das Wissen über die glückliche Lebenskunst. Der König beauftragte seine Schriftgelehrten, alles aufzuschreiben und das neue kostbare Wissen unter die Menschen zu bringen, sodass sein ganzes Land davon profitieren konnte. Und als das wertvolle Wissen aufgezeichnet war, da gingen die guten Leute reich beschenkt vom König wieder nach Hause, um dort glücklich weiter zu leben.

Und so war schließlich allen geholfen. Denn auch der König war nun zufrieden und regierte sein Land in dem Bewusstsein, dass er sein Wissen um genau jene wichtigen Bereiche erweitert hatte, die ihm zu einem glücklichen Leben noch gefehlt hatten.

DER INNERE SCHWEINEHUND

Es war einmal ... ein Mann, der wollte seine Gesundheit verbessern. Zum Jahreswechsel nahm er sich fest vor, ab sofort weniger Alkohohl zu trinken, mit dem Rauchen aufzuhören und sich auch noch gesünder zu ernähren.

Seine guten Vorsätze hielten aber genau einen Tag lang. Nicht zum ersten Mal nahm sich dieser Mann vor, sein Leben zu ändern und mehr auf seine Gesundheit zu achten. Diesen Plan verfolgte er schon seit rund zwanzig Jahren. Und nicht und nicht wollte es ihm gelingen!

„Warum nur?", fragte er sich, auch das nicht zum ersten Mal. „Warum schaffe ich es nicht, auf Dauer bei meinen guten Vorsätzen zu bleiben?" Der Mann grübelte und grübelte und kam auf keine befriedigende Antwort. So beschloss er, eine Wahrsagerin aufzusuchen, um den wahren Grund für seine hartnäckigen schlechten Gewohnheiten herauszufinden.

„Warum schaffe ich es nicht, meine ungesunden Gewohnheiten aufzugeben?", fragte der Mann und erhielt darauf eine ungewöhnliche Antwort.

Die Wahrsagerin blickte tief in ihre Kristallkugel und sagte: „Dein innerer Schweinehund ist es, der dich an deinen gesunden Plänen hindert; du nimmst dir etwas vor und er überredet dich, diesen neuen Plan wieder fallen zu lassen. Und du tust das sogar gerne, denn deine neuen Gewohnheiten sind viel anstrengender als die alten und eigentlich willst du dich gar nicht ändern, sondern alles so lassen, wie es ist! Je öfter du einen guten Vorsatz in den Wind schlägst, desto dicker und fetter wird dein innerer Schweinehund. In deinem Fall ist er schon so mächtig, dass du kaum mehr eine Chance hast, gegen ihn anzukommen."

„Mein innerer Schweinehund?" – der Mann stutzte, so etwas hatte er noch nie gehört. „Aber ich will mich ändern, ich will anders leben, ich will gesünder werden!", protestierte er. „Wenn du das wirklich willst, dann schicke ich dich zu einer weisen Frau, die sich auskennt mit dem Bändigen von inneren Schweinehunden! Aber sei dir dessen bewusst, dass du selbst auch dazu bereit sein musst, dich mit deinem Schweinehund anzulegen, sonst hast du keine Chance, erfolgreich zu sein!"

Der Mann versprach, sein Möglichstes zu tun, um seinen inneren Schweinehund in den Griff zu bekommen. Die Wahrsagerin gab ihm die Adresse der Expertin und so wurde er gleich am nächsten Tag bei dieser vorstellig. Freundlich empfing sie ihn, und als er der Frau erzählte, warum er zu ihr gekommen war, nickte sie verständnisvoll.

„Jeder Mensch hat einen inneren Schweinehund", erklärte sie. „Er hält uns davon ab, gute Dinge zu tun, die notwendig sind, um unser Leben zu bereichern oder zu verbessern. Er tut das nicht, weil er böse ist, sondern weil wir ihn nicht daran hindern. Wenn wir wollen, dann gehorcht uns der innere Schweinehund aufs Wort, wir müssen nur lernen, ihm die richtigen Kommandos zu erteilen."

Der Mann schöpfte Hoffnung. Er hatte die Wahl, sich seine Gewohnheiten bewusstzumachen und daraufhin aktiv etwas anderes zu tun oder aber wieder in die alten Muster zu verfallen – schon allein diese Erkenntnis war der erste Schritt zum Erfolg.

Ab sofort versuchte der Mann, sich nicht mehr auf das Problem selbst, sondern auf die Lösung zu konzentrieren. Er dachte nicht mehr ständig „ich bin zu dick", sondern suchte einen Weg, um sein Wunschgewicht zu erreichen. Auch in kleinen Handlungen und Entscheidungen wichtige Schritte in die richtige Richtung zu erkennen und dabei das große Ganze nicht aus den Augen zu verlieren, das war jetzt sein Plan.

Er begann nun auch wieder damit, Verantwortung für sein Tun zu übernehmen und gewann damit mehr Bewusstsein und Selbstbestimmung in seinem Leben. Mit vielen kleinen bedachten Schritten schaffte er es schließlich, seinem inneren Schweinehund zu Leibe zu rücken.

Der Mann war heilfroh und stolz auf sich, als er eines Tages die weise Frau wieder aufsuchte und ihr von seinen Erfolgen berichtete. Sie lächelte zufrieden und gab ihm noch eine weitere Weisheit mit auf den Weg: „Ich gratuliere dir, du bist sehr erfolgreich gewesen, aber sei dir darüber im Klaren, die Arbeit mit dem inneren Schweinehund hört nie auf! Auch wenn du ihn jetzt unter Kontrolle hast, darfst du niemals vergessen, dass dein innerer Schweinehund dein ganzes Leben lang darauf wartet, in einer schwachen Stunde zurückzukehren, um dich wieder in deine alten Muster hineinzulocken!"

Der Mann beherzigte zeit seines Lebens die Ratschläge der klugen Schweinehund-Bezähmerin. Und wenn er doch Gefahr lief, wieder einmal rückfällig zu werden, dann suchte er die weise Frau auf, die ihm immer wieder in Erinnerung rief, wie einfach es sein kann, durch konsequentes, bewusstes Handeln selbst mit einem so wilden Tier wie dem inneren Schweinehund in Frieden leben zu können.

Wie war mein Tag? Wie fühle ich mich heute?

Mein Tag war auf Grund d. Rückreise der
eintägig. Zuhause das Auspacken
stressig - Streit mit Timo

Was sind meine persönlichen Herausforderungen?

Nicht alles sagen was ich denke, Menschen
so zu lassen wie sie sind.
Kontrolle abzugeben. Die äußere Un-
ordnung auszuhalten.

Welche meiner Gewohnheiten möchte ich ändern/aufgeben?

verletzende Worte zu sagen
Kontrolle aufgeben, mehr gehen
lassen u. schauen was passiert.

Was ist mein stärkster Antrieb?
Was motiviert mich?

mein eigener Wille, die Freude am Tun
die Glücksgefühle in mir wenn mir
etwas gelingt, Harmonie u.
Gelassenheit in mir.

Was habe ich in der Nacht vom
1. auf den 2. Jänner geträumt?
Diese Nacht steht im neuen Jahr für den Monat September.

Am Morgen des 1. Jan. 2023
wusste ich, dass ich etwas verändern muss. Beruflich.
Ich überlege, dauerhaft die
Stunden meines Kollegen hinzu
zu nehmen u. meinen Nebenjob
zu kündigen. Sogleich habe ich
zu meinen jeweiligen Chefs
Kontakt aufgenommen.

Was war sonst noch wichtig heute?

nicht alles auszusprechen was
man denkt!

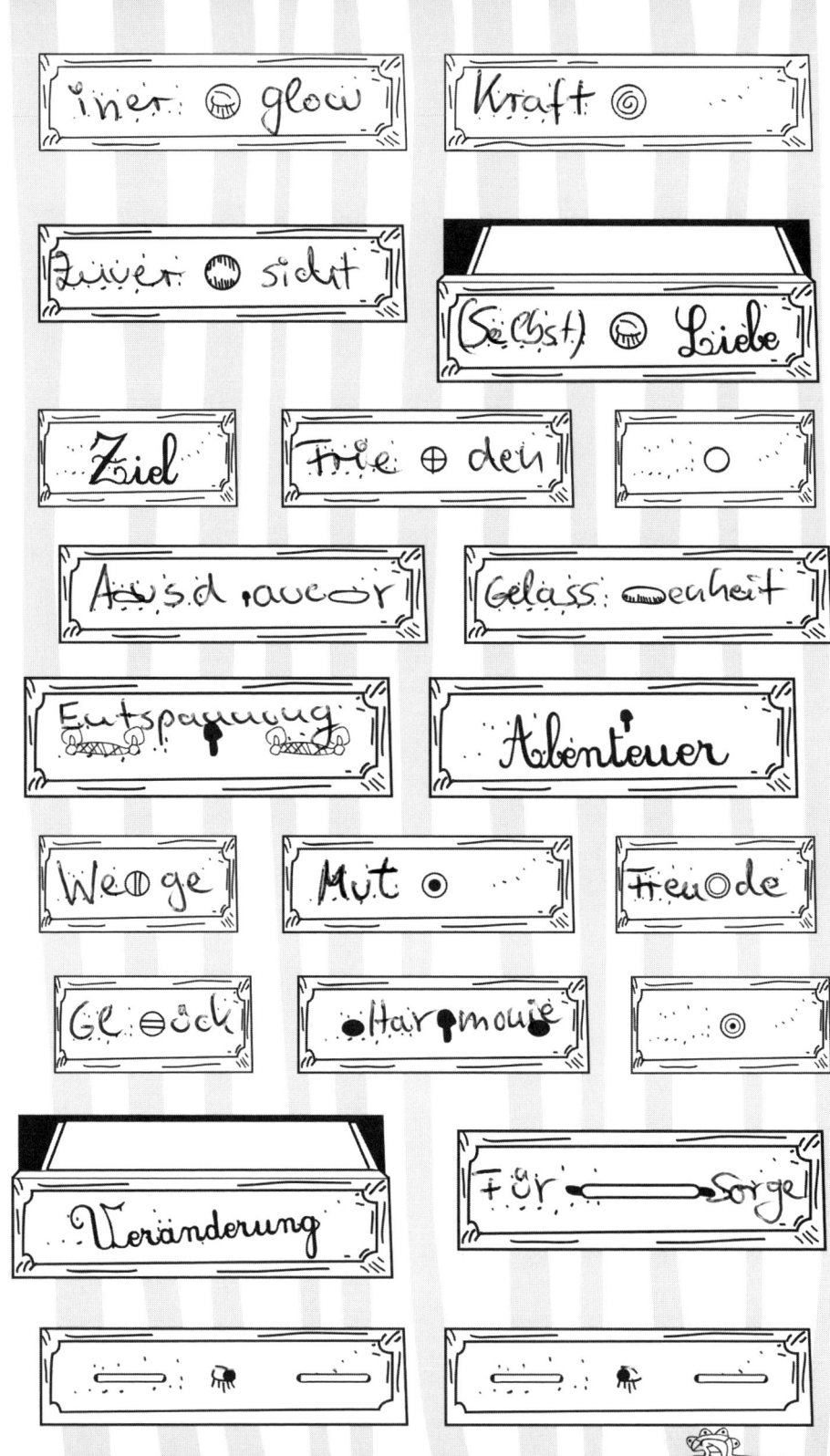

MEINE ZEHNTE RAUNACHT ERZÄHLT:

AUS FEHLERN LERNEN
ALTE MUSTER AUFLÖSEN

Lebenslanges Lernen

Das Leben ist ein Lernprozess. Wenn es uns gelingt, aus unseren Fehlern zu lernen, dann haben wir schon viel gewonnen. Zuerst muss man sich aber einmal eingestehen oder bewusstmachen, dass eine gewisse Entscheidung, eine Richtung, die wir eingeschlagen haben oder etwas, das wir getan haben, ein Fehler war. Denn nicht immer wirkt sich eine falschgerichtete Handlung auch auf den ersten Blick als Fehler aus. So ist es notwendig, uns selbst auf die Schliche zu kommen. Manchmal sind es auch der eigene Körper oder die Psyche, die uns unser Fehlverhalten aufzeigen – dann ist es besonders wichtig, auf diese Alarmzeichen zu hören. Oft sind die Lebensumstände belastend und nicht so einfach zu ändern. Um ein altes Muster aufzulösen braucht es einen starken Willen und die Bereitschaft zur Veränderung. So können wir uns heute fragen, welche „Fehler" wir in der Vergangenheit gemacht haben, aus denen wir eventuell schon gelernt haben oder noch lernen können, und die wir im neuen Jahr nicht mehr machen möchten.

Stressmuster

Die Raunächte laden dazu ein, eine stressfreie Zeit zu erleben. Einmal nichts zu tun und sich mit sich selbst zu beschäftigen ist gut für unsere Seele. Diese Idee hatten auch schon unsere Ahnen, wenn sie die Raunachtsregeln befolgten und in dieser Zeit keine schweren Arbeiten verrichteten. Eine Zeit zum Innehalten und In-sich-Gehen, auch heute noch bieten uns die Raunächte

Gelegenheit, um aus unserem Hamsterrad auszusteigen, einen Schritt beiseitezutreten, tief durchzuatmen und unsere Lebensmuster genauer zu betrachten.

Zeitnot ist vielen Menschen zum alltäglichen Begleiter geworden. Doch wo kommt er her, dieser Stress, woraus setzt er sich zusammen? Denken Sie an einen ganz gewöhnlichen Tag. Was stresst Sie am meisten? Wenn der Stress wieder einmal überhandnimmt, sollte man bewusst gegensteuern. Termine, die nicht unbedingt notwendig sind, auch einmal absagen, nicht immer und überall jeden Telefonanruf entgegennehmen, das Handy nicht im Minutentakt auf Neuigkeiten kontrollieren und auch einmal „Nein" sagen. Pflichtbewusstsein ist recht und schön, doch wenn der Stress an die Substanz geht, dann sollte man sich ernsthaft fragen, ob es noch sinnvoll ist, immer und überall dabeisein zu müssen und sich um alles und jeden zu kümmern. „Sie hatten an alle(s) gedacht, nur an sich selbst nicht", ist deswegen ein Spruch, den ich gerne zu Menschen sage, die sich vor lauter „Kümmerei" selbst vergessen.

MACH DEIN LICHT AN!

Es war einmal … eine Frau, die kümmerte sich um alles und jeden. Selbstlos wurde sie genannt und tapfer. Wer zu ihr kam, dem wurde geholfen, und kaum hatte sie eine Hilfeleistung abgeschlossen, suchte sie schon nach der nächsten Möglichkeit, um ihre Hilfsbereitschaft unter Beweis zu stellen. Vor lauter Pflichtbewusstsein, Verantwortungs- und Schuldgefühlen hatte die Frau ganz auf sich selbst vergessen. Irgendwann wusste sie nicht einmal mehr ihren Namen und vergaß darauf, sich am Abend die Zähne zu putzen. Es musste sich etwas ändern! Die Engel im Himmel hatten schon beobachtet, dass sich da ein Wesen auf der Erde über die Maßen aufopferte und das war nicht gut. Das Gleichgewicht zu wahren ist eine große Herausforderung. Da gibt es Leute, die können nicht aufhören zu essen, oder sie verlieren ihr ganzes Geld beim Glücksspiel. Fast jeder Mensch hat eine Schwachstelle, ein Ungleichgewicht, das wieder in Balance gebracht werden muss. Und das ist dann meistens die größte Lernaufgabe im Leben. Nun schickte der Himmel einen Engel auf die Erde, um der selbstlosen Frau die Augen zu öffnen. Der himmlische Bote sollte dabei helfen, die Frau wieder daran zu erinnern, wer sie war und wozu sie auf der Erde wandelte. So bekam die Frau eines Nachts Besuch von dem Engel. Und dieser knipste in ihrem Innersten genau an jenen Stellen, die im Dunkeln lagen, das Licht an. Beleuchtet wurde der Selbstwert, die Selbstliebe und das Selbstvertrauen. Als die Frau am nächsten Tag aufwachte, fühlte sie sich wie neu geboren. Doch sie empfand auch das seltsame Gefühl einer dumpfen Abwesenheit, als sei sie längere Zeit fortgewesen. Und das war sie auch. Sie hatte sich von sich selbst so weit entfernt, dass sie sogar vergessen hatte, dass sie als Individuum existierte, als menschliches Wesen mit Bedürfnissen, Vorlieben und Neigungen. All das durfte sie jetzt wieder neu an sich entdecken. Als sie sich an diesem Morgen im Spiegel betrachtete, erkannte sie sich seit langer Zeit wieder. „Das bist du!", dachte sie und fühlte sich seltsam berührt von ihrem eigenen Anblick. Sie sah sich selbst tief in die Augen und verspürte plötzlich den Drang, einen Morgenspaziergang zu unternehmen. Eine schöne Erfahrung war das, sich zum ersten Mal seit langer Zeit wieder einen Wunsch zu erfüllen. Die Frau lernte sich selbst von nun an ganz neu kennen und entwickelte sich immer weiter. Auch jetzt war sie noch hilfsbereit und nett, vergaß jedoch nie wieder, auch auf ihr eigenes Wohlbefinden zu achten. Und noch ein weiteres kleines Licht hatte der Engel im Inneren der Frau angeknipst: Von nun an konnte die liebenswerte Dame auch ab und an „Nein" sagen, wenn es sein musste. Nie wieder schritt sie über ihre persönlichen Grenzen, um es anderen recht zu machen. Von nun an lebte sie im Gleichgewicht mit sich selbst und mit ihrem inneren Strahlen konnte sie auch viel Licht in die Welt hinaustragen.

HERR STRESS UND FRAU ZEIT

Es war einmal … eine Zeit, da gab es den Stress noch nicht. Alles ging noch langsamer vonstatten und Frau Zeit hatte es schön gemütlich. Doch eines Tages klopfte ein fremder Mann an die Tür der Zeit. „Wer sind Sie?", fragte Frau Zeit. „Mein Name ist Stress – Herr Stress – und ich halte heute ganz offiziell um Ihre Hand an!"

Die Zeit schüttelte den Kopf und sagte: „Was bilden Sie sich ein, ich kenne Sie doch gar nicht!" – „Sie werden mich schon noch kennenlernen!", meinte Herr Stress und sollte damit Recht behalten. Von nun an verfolgte er Frau Zeit auf Schritt und Tritt, bemühte sich um sie und machte ihr die schönsten Geschenke. Von Menschenhand gefertigte Uhren ermöglichten es Herrn Stress, die liebe Zeit zu messen und sie ganz genau einzuteilen. Frau Zeit fühlte sich geschmeichelt. Und Herr Stress ließ nicht locker.

Je näher sich die beiden kamen, desto hektischer ging es zu auf der Welt. Irgendwann läuteten dann wirklich die Hochzeitsglocken und seit diesem Zeitpunkt waren Frau Zeit und Herr Stress miteinander verheiratet. Dass es keine gute Ehe werden würde, das hätte man den beiden schon vorher sagen können. Bald stritten sie nur noch und gingen sich gegenseitig aus dem Weg. So begab es sich, dass Herr Stress schließlich Frau Zeit vertrieb. Daher kommt es auch, dass die Menschen auf der Erde keine Zeit mehr haben. Und solange sich Frau Zeit und Herr Stress nicht offiziell scheiden lassen, wird das auch so bleiben.

4.01.23

Wie war mein Tag? Wie fühle ich mich heute?

Ausgeglichen, sportlich, viel erledigt,
fühlte mich kraftvoll. Alles, was
ich mir vornahm sch+e ich um.
Ein guter Tag ☺

Welche Fehler mache ich immer wieder?

Anderen ihre Fehler aufzeigen.
Andere verändern zu wollen.

Wie wirkt sich das auf mein Wohlbefinden aus?

Enttäuschung, Frust, Wut

Was kann ich daraus lernen?

Dass ich niemanden ändern
kann.

Wie kann ich diese Muster auflösen?

?

Welche neuen Möglichkeiten eröffnen sich dadurch für mich?

Was habe ich in der Nacht vom
2. auf den 3. Jänner geträumt?
Diese Nacht steht im neuen Jahr für den Monat Oktober.

Was war sonst noch wichtig heute?

Sport!

3./4. JÄNNER
MEINE ELFTE RAUNACHT ERZÄHLT:

Auch das kleinste Dankeschön ist ein Gebet

Sich für etwas zu bedanken ist großartig. Es bedeutet einerseits, dass wir etwas angenommen haben und natürlich, dass wir dankbar und froh sind, dass jemand etwas für uns getan hat, sich in einer bestimmten Weise verhalten hat, uns geholfen hat, uns etwas geschenkt hat. Man kann aber nicht nur den Menschen dankbar sein, sondern auch dem Leben. Ein schönes Ritual, das nicht nur in den Raunächten angewendet werden kann, sondern im besten Fall jeden Tag oder jeden Abend vor dem Schlafengehen: sich bewusst machen, wofür man an diesem einen Tag dankbar sein kann. Eine weitere Möglichkeit ist es, sich zu überlegen, wem in seinem Umfeld man danken möchte, für die Freundschaft, für die gute Zusammenarbeit, für die Unterstützung, und so weiter. Wer dankbar ist, der weiß etwas zu schätzen und empfindet positive Gefühle, denn das ist es, was echte Dankbarkeit ausmacht.

Sich für etwas zu bedanken tut beiden Seiten gut. Es steigert das Wohlbefinden und trägt dazu bei, dass das Leben noch mehr Qualität bekommt. Beginnen wir damit, uns so zu verhalten, dass die Leute in unserem Umfeld auch uns dankbar sind. Oft sind es gerade die Kleinigkeiten, die das ausmachen: jemandem die Tür aufhalten, im Straßenverkehr großzügig sein, dem Postboten rund um die Weihnachtsfeiertage eine kleine Aufmerksamkeit schenken. Ihrer Kreativität sind keine Grenzen gesetzt. Überlegen Sie einfach, wem Sie ganz spontan eine kleine Freude machen möchten und genießen Sie die „Dankesworte", wenn es welche dafür gibt.

Danke, dass es uns gibt!
Die Raunächte bieten auch eine gute Gelegenheit, um Beziehungen besonders zu pflegen. Freunde besuchen, längere Telefonate führen, E-Mails schreiben oder vielleicht sogar einen handgeschriebenen Brief? Die Raunächte laden dazu ein, unsere Beziehungen neu zu spüren, sich die Qualitäten einer echten Freundschaft bewusstzumachen und auch schwierige Verbindungen vielleicht einmal mit einem versöhnlichen Blick zu betrachten. Nicht zuletzt die Beziehung zu sich selbst will freundlich gelebt werden. In den Raunächten können wir uns selbst noch näher kommen als sonst, die Zeit dazu nutzen, um nach innen zu gehen und uns umzusehen in unserer ganz persönlichen Anderswelt – es uns einfach gutgehen lassen. Sich selbst auch einmal zu verwöhnen ist ein schönes Ritual und in den Raunächten mehr als passend.

Ich mag mich! Mag ich mich?
Mangelnde Selbstliebe ist ein großes Thema, das viele Menschen betrifft. Früher galt es vielleicht noch als egoistisch und eigennützig, darüber nachzudenken, ob man sich selbst auch genug liebt. Heute wissen wir, dass die Liebe zu sich selbst auch die Basis dafür ist, andere Menschen lieben zu können. Wer sich selbst gut leiden kann, darf sich glücklich schätzen, denn immerhin verbringen wir unser ganzes Leben mit uns, ob wir wollen oder nicht. Ab und zu ist uns zum „Aus-der-Haut-fahren"zumute, doch wir müssen schön brav drinnen bleiben in unserer Haut, da hilft alles ärgern und wütend sein nichts. Es gibt so Tage, da mag man sich selbst vielleicht nicht. Kennen Sie das? Das ist ganz normal. Ein innerer Konflikt ist manchmal notwendig, um unangenehme Situationen und Erlebnisse zu verarbeiten oder sich darauf vorzubereiten. Meistens ist es dann so, dass auch das Umfeld unter der miesepetrigen Stimmung leidet. Doch wer uns gern hat und uns gut kennt, weiß, dass diese negative Stimmungslage nicht von Dauer ist. Am nächsten Tag schaut die Welt oft gleich wieder ganz anders aus und wir haben uns selbst wieder lieb.
Täglich auf die eigene Seelenhygiene zu achten ist in jedem Fall eine gute Idee. So, wie wir uns die Zähne putzen, das Gesicht waschen und uns duschen, so dürfen wir uns auch regelmäßig

fragen: „Wie geht es mir? Was bedrückt mich? Was war heute schwierig für mich? Woran knabbere ich noch? Warum fühle ich mich so schlecht?" Das Führen eines Tagebuches ist auch während dem Jahr eine gute Möglichkeit, die Seelenhygiene zur Routine zu machen. Sich etwas von der Seele zu schreiben verdeutlicht oft erst, worum es wirklich geht und lässt vielleicht schon erste Lösungsansätze aufkeimen.

DIE UNDANKBARE PRINZESSIN

Es war einmal ... eine Prinzessin, die war sehr stolz. Sie trug ihre Nase so hoch, dass sie oftmals sogar über Dinge stolperte, die sie durch ihren nach oben gerichteten Blick nicht sehen konnte und dann mussten Diener kommen, die ihr wieder auf die Beine halfen. Ihr müsst wissen, Prinzessinnen wie diese trugen Kleider, die waren nicht nur auf den Leib geschneidert, sondern auch um den Leib geschnürt und so war die Bewegungsfreiheit jener feinen jungen Dame sehr, sehr eingeschränkt. Doch um nichts in der Welt wollte sie ihr stolzes Gehabe jemals aufgeben, war sie doch von königlichem Geblüt.

Eines schönen Tages bildete sich die Prinzessin ein, in den Wald spazierengehen zu wollen, obwohl sie das eigentlich nicht durfte, weil es viel zu gefährlich war für eine Prinzessin allein im Wald. „Papperlapapp!", meinte sie und marschierte los. Der junge Stallknecht wurde beauftragt, ihr zu folgen und er tat, wie ihm aufgetragen. Wieder einmal ging die Prinzessin wie ein „Hans-guck-in-die-Luft" durch die Gegend und stolperte gleich zu Beginn ihres Ausfluges über einen morschen Ast, der mitten auf dem Weg lag. Ojemine, da lag sie nun mit ihrem bodenlangen Kleid, ihrem enggeschnürten Mieder und den unbequemen Schuhen. Wie aus dem Nichts sprang der Stallknecht herbei und hob die gestürzte Prinzessin mit seinen starken Armen auf. „Scher dich zum Teufel!", schrie sie ihn an, anstatt sich für die Hilfeleistung zu bedanken. Der Knecht kannte die Allüren der Prinzessin nur zu gut und war dieses schlechte Benehmen gewohnt. So grämte er sich nicht wegen der Unfreundlichkeit der Prinzessin. Aber die Waldgeister und Feen waren aufmerksam geworden auf das ungewöhnlich barsche Wesen und folgten nun ihrerseits der Prinzessin auf ihrem Waldspaziergang. Schon wieder fiel sie hin, diesmal war es nur ein kleines Steinchen, das ihr im Weg lag. Doch mit der Nase so hoch oben und auf den hohen Absätzen kann auch ein kleiner Kiesel zum Stolperstein werden und so ging sie erneut zu Boden. Wieder war der Stallknecht zur Stelle und half ihr hoch, wieder beschimpfte ihn die Prinzessin und ging achtlos weiter. „Das kann doch nicht sein, dass ein Menschenkind so undankbar ist!", sagte die gute Waldfee. „Oh, doch, da gibt es viele, die nicht gelernt haben, dankbar zu sein, und die glauben, durch ihren hohen Stand auf das Dankesagen verzichten zu können!", antwortete der Moosmann und sah dabei ganz traurig drein. Die Waldgeister und Feen leiden nämlich sehr, wenn die Menschen garstig miteinander umgehen, daher versuchen sie auch öfter, ausgleichend einzugreifen und den Menschen dabei zu helfen, sich zu bessern.

Schön langsam wurde es der Prinzessin zu langweilig im Wald und sie drehte wieder um. Doch die Waldgnome hatten auf Geheiß der Waldfee die Pfade durcheinandergebracht und so konnte sie den rechten Weg zum Schloss nicht mehr finden. Der Stallknecht war immer noch hinter ihr, doch auch er hatte die Orientierung verloren. Irgendwann wurde die Prinzessin müde und rief: „He, Bursche, komm und trag mich gefälligst, wofür wirst du denn sonst bezahlt? Für's im Wald Herumlaufen sicher nicht, das ist eine zu leichte Arbeit für einen Knecht wie dich! Schick dich!"

Und so nahm der Knecht die Prinzessin auf die Arme und trug sie durch den Wald, doch der Weg schien kein Ende zu nehmen. Die Dämmerung brach herein und im Wald sah es gleich noch viel finsterer aus. Da kamen die beiden an einer kleinen, einsam gelegenen Waldschenke vorbei und der Knecht schlug vor, hier einzukehren. Die Prinzessin war hungrig, durstig und müde und so hatte sie nichts gegen seinen Vorschlag einzuwenden. Die zwei waren die einzigen Gäste und niemand schickte sich an, sie zu bedienen. „Geh und sieh nach dem Wirt!", befahl die Prinzessin. Doch es war weit und breit kein Wirt zu sehen. So machte sich der Knecht in der Küche zu schaffen und bereitete für die Prinzessin ein Mahl zu, das zwar karg, aber nahrhaft war. „Das esse ich nicht und dieser Wein schmeckt sauer, den trinke ich nicht!", die Prinzessin war wie immer undankbar. Im selben Moment erschienen wie aus dem Nichts die Waldfee und der Moosmann. „Undankbares Fräulein, zur Strafe für dein Benehmen sollst du die Dankbarkeit so lange üben, bis sie dir in Fleisch und Blut übergegangen ist!" Und so erhob die Fee ihren hölzernen Zauberstab und berührte die Prinzessin damit auf der Nasenspitze. Den Knecht berührte sie damit auf der Stirn. Die beiden Menschenkörper wirbelten durch die Luft und ein Sternenregen umhüllte sie. Als sie sich schließlich am Boden wiederfanden, erkannten sie einander nicht mehr. Die Prinzessin und der Knecht hatten nämlich die Körper getauscht. Er war sie und sie war er. Es war lustig anzusehen, wie sie sich bewegten, der grobe Bursche im zarten Frauenkörper und die feine Prinzessin als stämmiger Kerl. Für die Waldfee und den Moosmann war es ein großes Vergnügen, die ersten Gehversuche der beiden Verzauberten zu beobachten. „Ja, aber der Junge kann doch gar nichts dafür, warum hast du auch ihn verwandelt?", fragte der Moosmann jetzt die Waldfee. „Es wird zu seinem Schaden nicht sein, du wirst sehen, wie es sich begibt!"

Und so klagte die Prinzessin und konnte nicht fassen, was mit ihr passiert war. Auch der Stallknecht war verwirrt – als Mann in einem Frauenkörper zu stecken, das war schon sehr, sehr seltsam. Er hielt es für klug, erst einmal Ruhe zu bewahren und irgendwann hörte die Prinzessin auch tatsächlich damit auf, hysterisch herumzuschreien. „Die Waldfee hat gesagt, Ihr sollt die Dankbarkeit lernen. Vielleicht werden wir dann beide wieder zurückverwandelt, wenn Ihr damit anfangt, echte Dankbarkeit zu zeigen!"

„Papperlapapp!", schnauzte ihn die Prinzessin an. „Dankbarkeit, pah! Wofür soll eine Prinzessin schon dankbar sein? Meinem Vater gehört doch das ganze Land, da braucht es keine Dankbarkeit! Alles, was ich habe und was für mich getan wird, steht mir rechtmäßig zu."

Einige Zeit verging und nichts änderte sich am Verhalten der Prinzessin. Deshalb beschloss der ehemalige Stallknecht, ins Schloss zurückzukehren. Vielleicht wüsste einer der Hofgelehrten Rat. Und weil die Prinzessin lieber nicht allein im Wald bleiben wollte, schloss sie sich ihm an. Den Weg zurück fanden sie nun ohne Probleme. Doch da die Prinzessin in Männergestalt von niemandem erkannt wurde, hatte sie jetzt das Leben eines Stallburschen zu führen. Sie musste bis spät in die Nacht schwer arbeiten und im Stroh schlafen, während der ehemalige Knecht den Komfort der königlichen Gemächer genoss und nicht viel zu tun hatte. Doch der Stallbursche hatte ein gutes Herz und so schön ihm das Leben als Prinzessin vorkam, so sehr wollte er doch die Körper wieder tauschen. Außerdem hatte sich der Stallbursche in die Prinzessin verliebt. Das war nicht ganz neu, er schwärmte schon lange für sie, doch nun hatte er ganz andere Möglichkeiten, um ihr nahe zu sein. So heckte er einen Plan aus, der dabei helfen sollte, alles wieder in seine alte gewohnte Form zu bringen.

Er hielt um die Hand des Stallburschen an und dieser sagte „Ja". Der König und die Königin verstanden die seltsame Entscheidung der Tochter nicht, doch ließen sie ihr die Wahl, wenn es um die Heirat ging und das war zu jener Zeit nicht selbstverständlich. Die Prinzessin hatte das Stallburschenleben satt und hätte alles getan, um nur wieder ins Schloss umziehen zu können. So kam ihr diese Heirat natürlich ganz recht, doch dankbar war sie noch immer nicht geworden. Die Waldfee und der Moosmann beobachteten die Entwicklung der beiden verzauberten Menschenkinder und waren betroffen von der Sturheit der Prinzessin. Würde sie denn nie dazulernen? Die Hochzeit nahte und niemand außer dem früheren Stallknecht wollte sich recht darüber freuen. Es wurde eine kurze Zeremonie, schnell waren die beiden verheiratet. Die Hochzeitsnacht fand nicht statt und die Prinzessin in Stallburschengestalt benahm sich schrecklich. Kein Lächeln fand auf die Lippen, kein freundliches Wort kam heraus. So ging das eine Weile, bis es den königlichen Eltern reichte: „So einen Tunichtgut holst du uns ins Schloss, der Bursche taugt zu gar nichts, ist stolz, hochnäsig und undankbar. So ein Mann soll einmal das Land regieren? Wir können das nicht weiter dulden, entweder er ändert sich oder wir werfen ihn hinaus. Immerhin geht es um die Zukunft unseres Landes!"

Jetzt war guter Rat teuer. Doch der Stallbursch im Prinzessinnenkörper verteidigte den Prinzgemahl so vehement, dass die königlichen Eltern bereit waren, noch einmal ein Auge zuzudrücken: „Er muss sich ändern!", mahnten sie.

Die Prinzessin hatte alles mit angehört und wurde nachdenklich. Warum nur hatte sie der Stallbursche heiraten wollen? Sie war doch immer so garstig zu ihm gewesen und jetzt verteidigte er sie auch noch. Schön langsam begannen der Stolz und die Sturheit der Prinzessin zu bröckeln. An jenem Abend sagte sie zum ersten Mal „Danke", als man ihr das Essen servierte und die königlichen Eltern hatten es sehr wohl bemerkt. Und als sie sich dann auch noch bei ihrem Retter für die vielen guten Taten bedankte, die er schon für sie vollbracht hatte, da war die Erlösung der beiden nicht mehr weit. So gab der Stallbursch in Prinzessinengestalt seiner Liebsten den ersten Kuss und als er wieder die Augen aufschlug, da hatten die beiden Menschenkinder die Körper erneut getauscht. Sie fielen sich in die Arme und waren glücklich, wieder sie selbst zu sein. Die Liebe wurde jeden Tag größer und die Prinzessin erkannte die Fehler, die sie gemacht hatte. Von nun an war sie dankbar für alles im Leben, was nicht selbstverständlich war. Für Menschen, die ihr schwere Dinge abnahmen, die ihr das Schlosstor öffneten oder für sie das Essen zubereiteten. Ein völlig neues Lebensgefühl war das, freundlich zu sein und dafür auch Dankbarkeit zu ernten. Der ehemalige Stallbursche machte sich gut als Prinzgemahl, denn er hatte das Herz am rechten Fleck. Und auch die Waldfee und der Moosmann waren zufrieden über den Verlauf der Dinge: „Siehst du, jetzt wird der gute Mann irgendwann sogar einmal König und seine große Liebe hat er auch noch bekommen!" – die Waldfee lächelte und zauberte eine herzförmige Wolke in den Himmel. Der Moosmann wiederum malte ein großes Herz aus Moos an die Schlossmauer, sodass jeder Mann und jede Frau sehen konnte, dass die Liebe im Schloss Einzug gehalten hatte.

DIE HEILIGE BANANENBLÄTTERSTAUDE

Es war einmal … eine junge Frau in einem fernen Land. Sie grämte sich jeden Tag über ihr Schicksal und wollte keine arme Feldarbeiterin mehr sein. Die Frau war es leid, jeden Tag die schweren Arbeiten zu tun. So jammerte sie und jammerte sie und wenn es wieder einmal ganz schlimm war mit der Unzufriedenheit, ging sie in der Nacht hinaus auf das Feld und flehte den Mond und die Sterne an, ihr zu helfen.

Eines Nachts träumte die Frau von der heiligen Bananenblätterstaude, in der alles Wissen der Menschheit vereinigt war. Wer auf diese Staude hinaufklettert, kann dem Schicksal alle Fragen stellen und wird die richtigen Antworten bekommen.

Als die Frau am nächsten Tag erwachte, konnte sie sich noch haargenau an jenen Traum erinnern. Sie musste die heilige Bananenblätterstaude finden, dann würde alles gut werden.

So machte sie sich auf die Suche und ging in den dichten Dschungel, in den sich sonst niemand hineintraute. Wilde Tiere lauerten hier und viele andere Gefahren, die noch nicht einmal einen Namen hatten.

Doch die Frau war so verzweifelt über ihre Lebenslage, dass sie alle Fährnisse des Dschungels in Kauf nahm, um die heilige Bananenblätterstaude zu erreichen. Drei Tage und drei Nächte war sie schon unterwegs, als sie auf einen wunderschönen Papagei traf: „Weißt du, wo die heilige Bananenblätterstaude steht?", fragte sie ihn.

„Karah, karah", krächzte der Papagei, „das weiß ich wohl, aber warum sollte ich dir das verraten?"

„Wenn du mir hilfst, dann schenke ich dir mein silbernes Kettchen, das ich um den Hals trage!"

Der Papagei kam näher und betrachtete die Kette. Es war einst ein Geschenk der Großmutter gewesen und für die Frau sehr wertvoll.

„Gut", sagte der Papagei, „ich helfe dir!" Und schon flog das schöne Federtier voraus und die Frau musste zusehen, dass sie zu Fuß Schritt halten konnte. Der Papagei führte die Frau aus dem Dschungel heraus. Sie waren jetzt an einer tiefen Schlucht angekommen in die ein riesiger Wasserfall rauschte. „Weiter darf ich dich nicht mehr bringen!", sagte der gefiederte Reiseführer und forderte das versprochene Kettchen.

Da stand sie nun vor dem Abgrund und wusste nicht, wie ihr geschah. Bunte große Fische sprangen immer wieder vergnügt aus dem nahen Wasserfall und sprachen zu der Frau. „Wir wissen von deiner Reise! Was gibst du uns, wenn wir dir den Weg zur heiligen Bananenblätterstaude weisen?"

„Ich kann euch mein silbernes Ringlein geben, das ich am Finger trage!", sagte sie.

Der Ring war ein Geschenk der Mutter gewesen und auch dieses Schmuckstück war der Frau sehr kostbar. So warf sie den Ring in den Wasserfall und sprang danach selbst hinein.

Sie hielt sich an einem der bunten Fische fest und schwamm geschickt wie eine Nixe durch den Wasserfall und weiter in den reißenden Strom, der sie schnell vorwärts brachte.

„Danke für eure Hilfe!", sagte die Frau, als sie viele, viele Meilen später wieder an Land ging. Die Fische winkten ihr mit ihren farbigen Flossen noch lange hinterher und verschwanden dann wieder im Fluss.

Vom Ufer aus sah die Frau nun einen hohen Berg. Er war dicht bewaldet und sah wunderschön aus. „Dort oben findest du die heilige Bananenstaude!", sagte nun ein Berggorillaweibchen zu ihr. Wenn du willst, dann führe ich dich dorthin. Doch was gibst du mir dafür?"

„Ich kann dir nur noch meine Kleider geben, mehr habe ich nicht mehr!", sagte die Frau und das Berggorillaweibchen willigte ein. Die Frau setzte sich auf den Affenrücken und hielt sich gut fest. Schnell hatten sie den Berg erklommen. Sie entledigte sich ihrer Kleider und sah sich um. „Wo ist denn nun die heilige Bananenstaude?", fragte sie das Gorillaweibchen.

Die Affendame hatte sich bereits die Kleider der Frau angezogen und war ganz glücklich damit. „Geh einfach weiter, bis dir eine Banane vor die Füße fällt, dann bist du angekommen!" Mit diesen Worten verschwand sie im dichten Bergwald.

Vollkommen nackt ging die Frau nun weiter. Und wirklich, einige Zeit später fiel ihr eine Banane genau vor die Füße. Die Frau blickte nach oben und erkannte, dass sie direkt unter der heiligen Bananenblätterstaude stand. Mächtig war sie und wunderschön. Doch wie sollte sie nur hinaufgelangen? Kaum hatte sie diesen Gedanken gefasst, hielt ihr jemand eine helfende Hand von der Staude herab und zog sie in die Höhe. Es war einer der Hüter der Bananenblätterstaude, der schon darüber Bescheid wusste, dass die Frau im Anmarsch war.

Endlich war sie am Ziel angekommen. Doch nun musste sie noch hinaufklettern, bis ganz nach oben, denn nur dort würde sie die Antworten auf ihre schicksalhaften Fragen bekommen. Das Erklimmen der heiligen Bananenblätterstaude fiel der Frau jetzt ganz leicht. Oben angekommen fühlte sie sich zum ersten Mal in ihrem Leben so frei, dass sie richtig glücklich war und fast vergessen hatte, warum sie gekommen war. Ganz oben stand wieder ein Hüter. Es war ein kleines Männchen, das die Frau freundlich herbeiwinkte, um zur Spitze des letzten Blattes der Staude zu gelangen.

Am Ende des letzten Blattes angekommen ließ die Frau los und gelangte damit gleichzeitig in ihr eigenes Herz. Das war eine wunderschöne Erfahrung. Noch nie war sie sich selbst so nahe gewesen, noch nie empfand sie eine solche Liebe zu sich und der ganzen Welt. „Das ist es also", dachte die Frau und wachte auf. Sie lag nackt in ihrem eigenen Bett zu Hause in der armseligen Hütte. Der Ring und die Kette waren verschwunden und so wusste sie, dass sie wirklich die heilige Bananenblätterstaude erreicht hatte.

Die Frau hatte in ihr eigenes Herz schauen dürfen und war überrascht über dessen Schönheit und Fülle. Diese große Liebe in ihrem Herzen hatte sie überwältigt und ab jenem Zeitpunkt war sie auch nicht mehr so bekümmert. Von nun an lebte die Feldarbeiterin glücklich und zufrieden bis an ihr Lebensende und erzählte jedem, der es wissen wollte, von ihrer Reise zur heiligen Bananenblätterstaude.

Wie war mein Tag? Wie fühle ich mich heute?

Was war heute schwierig für mich?
Was bedrückt mich?

Wofür bin ich heute dankbar?

Was mag ich an mir?

Was mögen andere an mir?

Für wen möchte ich mir mehr Zeit nehmen?

Was kann ich mir selbst Gutes tun?

Was habe ich in der Nacht vom
3. auf den 4. Jänner geträumt?
Diese Nacht steht im neuen Jahr für den Monat November.

Träume von alter Arbeitsstelle u.
Stephi Schmidt. Sage ich gehe mit
Kids in andere Gruppe "Besuch"
machen. Stephi findet dass ich
das nicht richtig kommuniziert
habe. Meint, sie geht dann mit
ihren in die Turnhalle. Ich sage
ich geh da nicht als "Besuch" hin
sondern als Erzieherin. Dabei
hab ich Tochi mit Brille auf Nase
Stephi lacht. Bad keine Spielstell
ist uode Thema u. Trixi kommt
auch vor, will was abklären, wird

beleidigt...

MEINE ZWÖLFTE RAUNACHT ERZÄHLT:

LICHT- UND SCHATTENSEITEN BEWUSSTMACHEN

Frau Percht sieht nach dem Rechten

Der 5. Jänner ist als Perchttag bekannt. Heute haben die Perchten ihre hohe Zeit und natürlich auch Frau Percht. Am Abend des 5. Jänner finden daher vielerorts Perchtenumzüge statt. Frau Percht zieht durchs Land und schaut bei den Leuten in den Häusern nach dem Rechten. Dieses Nach-dem-Rechten-Schauen können wir auch für uns selbst nutzen und in unser Herz schauen, in unsere Gefühlswelt. Vielleicht stehen schon seit längerer Zeit Projekte an, die immer wieder verschoben wurden oder es gibt noch offene Fragen, die geklärt werden sollen. Bei sich selbst nach dem Rechten zu sehen bedeutet für jeden Menschen etwas anderes, doch es ist schön, wenn man sich in den Raunächten darauf einlässt. Seelisches Ungleichgewicht aufzuspüren und sich dieses bewusstzumachen, ist eine Möglichkeit, in den Raunächten nach innen zu blicken. Den eigenen Seelenraum „auszukehren" und die dunklen Seelenwinkel zu beleuchten kann helfen, klarer zu sehen und sich selbst noch besser „fühlen" zu lernen.

Wenn Frau Percht früher am 5. Jänner ins Haus kam, dann hatte sie einen Besen dabei und rief: „Glück herein, Unglück hinaus, die Percht kommt ins Haus!" Sie brachte Glück und Segen und kehrte gleichzeitig alles Schlechte hinaus. Ihre Gefolgschaft, die Perchten, mussten draußen bleiben, nur sie durfte eintreten. Damals war es auch so, dass dieser „Einkehrbrauch" zusätzlich eine soziale Funktion hatte. Auf entlegenen Höfen, die wenig Kontakt zur Außenwelt pflegten, war es oft ungewiss, wie mit alten, kranken und behinderten Menschen umgegangen wurde. Frau Percht sah nach dem Rechten und wies die Hausleute zurecht,

wenn etwas nicht in Ordnung war. Und so war die Aufgabe der als Frau Percht verkleideten Personen damals eine sehr verantwortungsvolle. Ein Brauch hat immer einen tieferen Sinn, oftmals „brauchte" man einen Brauch, um Dinge wieder ins Lot zu bringen, die sich übers Jahr wohl niemand auszusprechen wagte. Doch können Bräuche auch „missbraucht" werden. Denken wir an die Menschen, die sich, verkleidet mit Perchtenmasken und Tierfellen, übermächtig fühlen und andere Leute aus der Menge krankenhausreif schlagen. Der tiefere Sinn eines jeden Brauches hat immer mit Achtsamkeit und Verantwortung zu tun. Auf ein Ritual soll man sich bewusst einlassen, es ist nicht sinnvoll, einen Brauch zu konsumieren, wie Kuchen oder Kaffee.

Licht und Schatten

Frau Percht symbolisiert gleichzeitig Licht und Schatten. Auch wir tragen sowohl helle als auch dunkle Aspekte in uns. Versuchen Sie heute, Ihre Schattenseiten „ans Licht" zu bringen. Dazu gibt es eine kleine indianische Geschichte, die sehr gut zu diesem Thema passt, und die von Gut und Böse handelt:

Ein Indianerhäuptling erzählt seinem Enkel von den zwei Wölfen, die in seinem Kopf leben und ständig miteinander kämpfen. Der eine ist dankbar, wohlwollend, großzügig, ehrlich, verständnis- und liebevoll. Der andere ist das ganze Gegenteil. Er verhält sich brutal, handelt gierig, verlogen, undankbar und verletzend. Der Junge fragt den weisen Alten, welcher der beiden Wölfe den Kampf gewinnen wird. Und der Indianerhäuptling antwortet: „Derjenige, den du fütterst!"

Und genau so ist es! Der Wolf, den wir füttern, wird stärker und stärker, und ist es der böse Wolf, dann werden wir selbst auch immer negativer, unsere Schattenseiten breiten sich in uns aus. So ist es wichtig, achtsam zu sein gegenüber der eigenen Gedanken, Worte und Handlungen. Besonders in den Raunächten, aber grundsätzlich das ganze Jahr über, denn wer seinen Geist gut im Griff hat, der lebt glücklicher. Natürlich ist man nicht davor gefeit, wütend zu werden und sich zu ärgern, aber wer sich die Mühe macht und die Wurzel eines Übels, das einen immer wieder rasend macht, findet, dem kann es gelingen, die Situation beim nächsten Mal besser zu meistern. Als klassisches Beispiel verwende ich hier gerne das Autofahren. In kaum einer Lebenslage wird mehr geflucht und sich geärgert als hier. Doch wem bringt es etwas, wenn Sie sich ärgern? Niemandem. Wenn der Wutpegel schon im Morgengrauen ganz oben ist dann ist meist der ganze Tag im Eimer. Die Aggressionen beim Autofahren gehen so weit, dass manche Leute sogar handgreiflich werden. Es ist immer wieder so, dass in solchen Situationen sogar Kleinigkeiten wie eine nicht ergatterte Parklücke zum Ausrasten führen, weil das Maß ohnehin schon voll war und dieser kleine Tropfen das Wutfass schließlich zum Überlaufen bringt. In den Raunächten auch mal in sein eigens Aggressions-Fass zu schauen ist eine gute Idee. Wie weit ist es schon gefüllt, wie viel Platz ist noch übrig? Und was befindet sich darin? Lohnt es sich wirklich, sich darüber zu ärgern?

DER TRAURIGE GÄRTNER

Es war einmal ... ein Gärtner, der war sehr traurig. Er wusste nicht, warum und war schon so lange nicht mehr froh gewesen, dass er sich gar nicht mehr erinnern konnte, wie sich das Frohsein anfühlte. Im Winter hatte er nicht viel zu tun und noch mehr Zeit zum Grübeln, weshalb die Traurigkeit ihn gar so plagte. Der Gärtner war sehr erfolgreich in seinem Schaffen, die edelsten Damen und Herren kamen zu ihm, um sich beraten zu lassen, wie sie ihre Gärten und Parks anlegen sollten und immer gab es eine zufriedenstellende Gestaltungsidee. Auch rund um sein Haus hatte der Gärtner einen wunderbaren Garten angelegt. „Sein Meisterwerk" nannte er ihn. Riesig war dieser Garten und natürlich sehr gepflegt. Die Farben der Blumen waren aufeinander abgestimmt und die Büsche so sauber geschnitten, dass man glauben konnte, der Gärtner arbeite mit einer Nagelschere. Doch wie gesagt, glücklich war er nicht. Seine Traurigkeit verfolgte ihn auf Schritt und Tritt und nichts wollte dagegen helfen. So begab es sich in den Raunächten, dass Frau Percht durch die Lande zog und bei den Leuten einkehrte, um nachzusehen,

was es zu richten gab. Als fahrende Händlerin verkleidet klopfte sie an die Tür des traurigen Gärtners und dieser öffnete mit den Worten: „Wir kaufen nichts!" Schon wollte er die Tür wieder zuschlagen, als Frau Percht zu ihm sprach: „Ich habe Frohsinn im Angebot und ich denke, dass du diesen gut gebrauchen könntest!"

Der Gärtner horchte auf. „Frohsinn", den konnte er wahrlich gut gebrauchen. Doch ob man den kaufen konnte? Der Gärtner war misstrauisch und hoffnungsvoll zugleich. Und so ließ er die Fremde ein und diese holte ein Päckchen mit Samen aus ihrer Manteltasche hervor. „Sieh her! Hier sind die Samen, die dir den erhofften Frohsinn bringen werden! Pflanze diese Samen in deinem Garten und du wirst sehen, wie sich deine Gemütslage bald ändern wird." Die Frau wollte kein Geld für ihr außergewöhnliches Angebot, sondern nur das Ehrenwort des Gärtners, dass er die Samen im Frühling auch wirklich aussäen würde. Der Mann versprach es und Frau Percht zog weiter. Natürlich war er weiterhin traurig, doch hatte er nun Hoffnung, dass diese Samen die Fröhlichkeit in sein Leben zurückbringen würden. Schnell vergingen Jänner und Februar und bald zog der März ins Land. Der Mann säte, wie ihm geheißen worden war, die Samen aus und wartete gespannt, was sich daraus entwickeln würde. Er hatte das ganze Päckchen überall in seinem Garten verstreut ausgesät und das zeigte Wirkung. Je mehr Zeit verstrich, desto mehr trieben auch die Samen aus. Doch die Fröhlichkeit wollte sich nicht einstellen und schon bald raufte sich der Gärtner die Haare, als er feststellte, dass es nur Unkraut war, das er ausgesät hatte. „Die fahrende Händlerin hat mir einen Bären aufgebunden! Und jetzt habe ich auch noch Unkraut in meinem Garten! Wie konnte ich nur so dumm sein, daran zu glauben, dass man Frohsinn anpflanzen kann!" Wütend wollte er die jungen Pflänzchen gleich am nächsten Tag wieder ausreißen, als ihm Frau Percht in der Nacht im Traum erschien, um Schlimmeres zu verhindern: „Du Narr erkennst die Quelle deiner Freude nicht! Deinen ganzen Garten, dein ganzes Leben hast du so perfekt geplant, dass für den Frohsinn kein Platz mehr blieb. Lebensfreude bedeutet Übermut, darf auch einmal überschäumen und Unsinn machen. So habe ich dir in den Raunächten jene Samen gebracht, die dich daran erinnern sollen, dass in jeden Garten, in jedes Leben auch ein wenig ungeordnete Wildheit gehört."

Der Gärtner verstand die Welt nicht mehr. Er hatte immer gedacht, dass es ihm Freude bereiten würde, wenn sein Leben perfekt sei. Doch alles mit Maß und Ziel. Durch seinen übertriebenen Perfektionismus schnipselte er nicht nur den Büschen die kleinsten Triebe weg, sondern sich selbst auch die Lebensfreude. Doch er wollte dazulernen, wollte sich auf das Abenteuer einlassen, Unkraut in seinem Garten wachsen zu lassen. Und ja, es war gut so. Von nun an überließ er ein kleines Fleckchen Erde in seinem Mustergarten sich selbst. „Mein wilder Garten" nannte er diesen Abschnitt und freute sich darüber. Ja, er freute sich so richtig, seit Langem konnte er endlich wieder einmal lachen und Freude empfinden, wenn er wieder eine neue Pflanze entdeckte, die sich hier einfach selbst angesiedelt hatte. Er sprang vor Freude in die Luft und wälzte sich in Gedanken sogar auf dem Boden. Und so vergaß er zeit seines Lebens nie wieder, sich auch selbst ein wenig mehr Spielraum im Leben zu lassen.

DER WUNSCHBAUM

Es war einmal ... in den Raunächten. Da gab es den Brauch, in der Nacht vom 5. auf den 6. Jänner um Mitternacht Fenster und Türen des Hauses zu öffnen, um den heiligen Wind hereinzulassen, der das Haus mit Segen erfüllen sollte. Viele Leute machten das so und wünschten sich dabei auch etwas für das kommende Jahr. Diese Nacht wurde auch die Nacht der Wunder genannt und bedeutete den Abschluss der Raunächte.

Ein kleines Mädchen wollte in dieser Nacht unbedingt bis Mitternacht aufbleiben, um den heiligen Wind in sein Kinderzimmer hereinzulassen und sich dabei etwas zu wünschen. Doch die Mama fand, dass eine Siebenjährige doch etwas früher ins Bett gehen sollte und an die Nacht der Wunder glaubte sie auch nicht. Die Kleine war traurig und ging zur Oma, um sich zu beklagen.

„Weißt du was", sagte die Oma, „ich kenne im Wald einen ganz besonderen Tannenbaum und diesem Baum wirst du heute deinen Wunsch anvertrauen!"

Das Mädchen klatschte vor Freude in die Hände und weil es schon schreiben konnte, schrieb es seinen Wunsch auf ein kleines Zettelchen, das es sorgfältig einrollte und mit einem schönen Bändchen versah.

Enkelin und Oma spazierten am frühen Nachmittag in den Wald und kamen bald zu einer mächtigen Tanne, die wohl schon über hundert Jahre alt war.

Gemeinsam begrüßten sie den Baum und die Oma band den Wunschzettel der Enkelin an einem der untersten Äste fest. Sie blieben noch eine Weile und verabschiedeten sich dann wieder von dem schönen Tannenbaum.

Am nächsten Tag war die Kleine ganz aufgeregt. „Oma, glaubst du, der Wunderbaum hat dafür gesorgt, dass mein Wunsch in Erfüllung geht?"

„Ja, ganz sicher!", sagte die Großmutter.

„Lass uns nachsehen, ob der Zettel noch am Baum hängt!"

Und wieder marschierten die beiden in den Wald und siehe da, der Zettel des Mädchens war verschwunden.

„Siehst du! Der heilige Wind hat deinen Wunsch heute Nacht mitgenommen, so wird er sich auch bald erfüllen."

Das Mädchen verriet niemandem, was es sich gewünscht hatte, denn das war auch ein Teil des Rituals. „Über ungelegte Eier soll man nicht reden!", pflegte die Oma immer zu sagen und so verhielt es sich auch mit Herzenswünschen, die noch in Erfüllung gehen sollten.

Und wirklich, ein paar Monate später erfüllte sich der große Wunsch des Mädchens, als eines Tages ein herrenloses Kätzchen vor der Haustür der Familie miaute. Niemand brachte es übers Herz, diese süße Mietzekatze wieder fortzujagen und so durfte sie bleiben und die Tochter des Hauses strahlte über das ganze Gesicht.

Noch am selben Tag besuchte das Mädchen die große Tanne im Wald und umarmte diese vor lauter Freude.

„Danke, dass du mir mein Kätzchen gebracht hast!", sagte die Kleine und lief schnell wieder nach Hause, um mit ihrem neuen Haustier zu spielen.

Wie war mein Tag? Wie fühle ich mich heute?

Sehr schleppend. War sehr müde
hatte Muskelkater u. mein Bauch
fühlte sich komisch.

Was sind meine hellen Seiten?

Schmusen mit Lissy u. mit Philipp
Essen u. Gespräche mit Arbeitskollegen
und Schülern.
Ein kleines Geschenk von meiner
Kollegin :) (Blätterkrokant)

Wie verstärke ich meine positiven Eigenschaften?

Indem ich mir Zeit nehme
für Muskelarbeiten, aktiv
zuhöre

Was sind meine dunklen Seiten?

alles mühsam, keinen Partner
zum schmusen, nachkissen.
Einsamkeit trotz Familie.
Antriebslos u. doch 100 % geben
müssen. Innerer Einheiter!

Welche negativen Eigenschaften möchte ich loswerden?

Andere verändern zu wollen.
Kontroll freak aufgeben

Was war heute meine gute Tat?

Mit Lissy geübt, meiner Schwiegermutter geholfen Gartenmöbel
abdecken

Was habe ich in der Nacht vom
4. auf den 5. Jänner geträumt?
Diese Nacht steht im neuen Jahr für den Monat Dezember.

Was war sonst noch wichtig heute?

Arbeitsvertrag unterschrieben
mit Chef gesprochen wegen 15 Std.
von Kollegen. Ich hätte gerne 6 Std.

6. JÄNNER

DREIKÖNIGSTAG

Abschluss der heiligen Zeit

Der 6. Jänner gilt als Abschluss der Raunächte und wird in unseren Breiten als Dreikönigstag bezeichnet. Ursprünglich war dieser Tag der Erscheinung des Herrn – der „Epiphanie" – gewidmet und galt als das offizielle Weihnachtsfest. Für die orthodoxe Kirche ist dieser Tag heute noch der wichtigste Weihnachtsfeiertag, an dem Christi Geburt gefeiert wird. Mit der Zeit setzte sich in den meisten Gegenden jedoch immer mehr der Abend des 24. Dezember sowie der 25. Dezember als Datum des offiziellen Weihnachtsfestes durch. Schließlich kamen am 6. Jänner die Heiligen Drei Könige ins Spiel. Der Evangelist Matthäus bezeichnete sie als die „Magier aus dem Osten". Biblischen Angaben zufolge handelte es sich bei den Heiligen Drei Königen um Weise oder Astronomen. Sie brachten dem Jesuskind Weihrauch, Myrrhe und Gold als Geschenke. Noch heute ziehen die Heiligen Drei Könige als Sternsinger durch die Lande. Jeder kennt die Zeichen C+M+B, die sie mit geweihter Kreide als Segenssymbol auf die Haustüren schreiben. Die Buchstaben C+M+B symbolisieren nicht nur die Anfangsbuchstaben von Caspar, Melchior und Balthasar, sondern haben auch die lateinische Bedeutung „Christus Mansionem Benedicat" („Christus segne dieses Haus"). Grundsätzlich ist der Brauch der Haussegnung uralt und wurde schon in vorchristlicher Zeit praktiziert.

Segensreiche Frauen

Ein anderes Dreiergespann ist ebenfalls eng mit den Raunächten verbunden. Die drei Bethen Ambeth, Wilbeth und Borbeth haben

keltische Wurzeln und stehen in engem Zusammenhang mit Frau Percht. Man könnte sie auch als Schicksalsgöttinnen und somit als Teile der Urmuttersymbolik bezeichnen. Sie galten als gütige Frauen, die durch das Land zogen, Gaben verschenkten und gute Ratschläge erteilten. So wie die germanischen Nornen waren sie für das Schicksal der Menschen zuständig. Die Bethen sind auch als „Salige Frauen" sowie als „Kinder-" oder „Schicksalsfrauen" bekannt. Das Wort „salig" ist keltischen Ursprungs und bedeutet „Heil" oder „heilig". Die heilbringenden drei Damen waren sozusagen die Vorgängerinnen der Heiligen Drei Könige und wie diese am Ende der Raunächte für die Haussegnung zuständig. Bereits sie hinterließen ihre Kreidezeichen an Stall- und Haustüren. Die drei Buchstaben, wie wir sie heute kennen, symbolisieren jedoch auch die Anfangsbuchstaben der „Heiligen Drei Madln" Katharina, Margaretha und Barbara. Mit der Zeit kam man von der Verehrung der drei Bethen zur Anbetung der „Heiligen Drei Madln", die wiederum noch später von den Heiligen Drei Königen abgelöst wurden.

DER STERN DER STERNE

Es war einmal ... vor ungefähr 2000 Jahren ... ein kleiner Stern, der lebte so weit weg von der Erde und war so gut im Himmel versteckt, dass ihn noch nie jemand zu Gesicht bekommen hatte. Nachdem es sein größter Wunsch war, endlich entdeckt zu werden, schrieb er einen Brief an das Christkind.

„Liebes Christkind, ich möchte endlich einen Namen bekommen, von den Menschen auf der Erde beobachtet werden und durch mein helles Strahlen den Nachthimmel erleuchten."

Das Christkind gab es zu dieser Zeit nur für die Sterne, für die Menschen kam es erst ein wenig später auf die Erde, womit wir schon fast bei der Sache wären. Es schrieb dem kleinen Stern zurück, dass es leider eine himmellange Warteliste gäbe mit Wünschen wie diesem. Doch es bestände da noch eine andere Möglichkeit ... Der kleine Stern wurde neugierig. Er wollte unbedingt gesehen werden, um jeden Preis.

Zu jener Zeit trug es sich zu, dass das Christkind als Mensch zum ersten Mal auf der Erde erscheinen sollte. Es sollte auf der Erde geboren werden, in einem Stall in Bethlehem. Damit es erkannt und gefunden werden konnte, brauchte es am Himmel einen hell leuchtenden Stern mit einem langen Schweif, der auch noch den Heiligen Drei Königen aus den fernen Landen den Weg zum neugeborenen Christkind erhellen sollte.

Unser kleiner Stern dachte nicht lange nach und war sofort einverstanden, den besonderen Sternendienst zu übernehmen. Er sehnte sich so sehr nach Aufmerksamkeit und freute sich unermesslich darauf, endlich einmal beachtet zu werden.

Bald nahte sein großer Tag. Es war um den 24. Dezember im Jahre Null. Das Jesuskind war gerade geboren worden. Und so machte sich der kleine Stern wie vereinbart auf den Weg. Er hatte seinen Auftritt lange geübt, da oben in seinem hintersten Sternenwinkel. Und die Vorfreude war groß.

Der kleine Stern brach seine Zelte an der alten Adresse im Sternenreich Nummer 845 987 ab und wanderte durch unzählige Galaxien. Auf seiner Reise traf er immer wieder andere Sterne, die er nach dem Weg fragte und denen er ganz stolz von seiner Mission erzählte.

Die meisten seiner Sternen-Kollegen konnten ihn nicht verstehen, waren sie doch alle Fixsterne und kannten nichts anderes als die bewundernden Blicke der Menschen und dass sie berühmt waren, war für sie nichts Besonderes.

Der kleine Stern war fast am Ziel, als er schließlich einen großen alten Stern traf, der ihn schon von Weitem freundlich grüßte. Auch ihm erzählte er von seinem Vorhaben.

„Aber kleiner Freund", sagte der alte, weise Stern, „du hast doch noch Sternenstaub hinter den Ohren, zum Verglühen bist du doch noch viel zu jung!"

Jetzt wurde unserem Sternchen schon ein bisschen mulmig zumute. „Was ist denn das, Verglühen?", fragte er.

„Das ist das, was du vorhast zu tun, danach gibt es dich nicht mehr, dann hat man dich zwar einmal gesehen auf der Erde, aber dann bist du verschwunden, und zwar für immer und ewig!"

Da der wirklich schon uralte Stern ohnehin vorhatte, bald selbst zu verglühen, bot er dem kleinen Stern an, den

wichtigen Auftrag für ihn zu übernehmen und überließ ihm dazu auch noch seinen gut sichtbaren Platz am Sternenhimmel.

Unser kleiner Stern hatte wirklich großes Glück, er nahm das Angebot dankend an und erklärte dem Sternenopa, wo er am Himmel für das Christkind erscheinen sollte.

Da aber der freundliche alte Stern schon sehr behäbig war, dauerte es eine ganze Weile, bis er endlich in die Nähe der Erde kam und seinen Auftrag erfüllen konnte.

Und das ist wohl auch der Grund, warum die Heiligen Drei Könige fast zwei Wochen brauchten, um nach Bethlehem zu finden und die Geschenke für das Christkind erst verspätet am 6. Jänner in den Stall brachten.

Der alte Stern ging schließlich als „Stern von Bethlehem" für immer und ewig in die Geschichte ein und unser kleiner junger neuer Fixstern leuchtet noch heute für uns vom Himmel herab.

Abschluss der Raunächte – mein Resümee der vergangenen Tage und Nächte:

Auf ein Neues!

Das neue Jahr hat begonnen und ist schon ein paar Tage „alt". Wenn morgen für viele wieder der Alltag beginnt, dann können Sie die neuen Erfahrungen, die Sie in den Raunächten gesammelt haben, mit ins neue Jahr nehmen. Die Anregungen im Buch laden dazu ein, weiterzumachen: mit der Innenschau, dem Ausschauhalten nach Glücksmomenten und der Achtsamkeit. Dieses Raunächtetagebuch ist Ihr ganz persönliches Werk. Ich freue mich, dass ich Sie in schriftlicher Form auf Ihrem Weg durch diese heilige Zeit begleiten durfte. Es ist wirklich etwas ganz Besonderes, sich auf die Raunächte und auf sich selbst einzulassen. Freuen Sie sich über Ihren guten Einstieg in ein Jahr, das sehr viel zu bieten hat. Ich wünsche Ihnen einen guten Start und viele schöne Erfahrungen, die Ihre Erlebnisse und Erkenntnisse widerspiegeln!

Ihre Nina Stögmüller

Nina Stögmüller
Seit rund 20 Jahren schreibt die oberösterreichische
Autorin Märchen und Geschichten. 2012 ist ihr erstes
Lese- und Märchenbuch – der Bestseller *Raunächte
erzählen* – erschienen. Im Jahr 2013 folgte *Mondnächte
erzählen*, 2014 *Adventkalender erzählen* und zuletzt 2015
Schäfchen (er)zählen. Hauptberuflich ist die begeisterte
„Märchenfee" seit über 20 Jahren im Pressebereich tätig.
Nina Stögmüller lebt in Linz. www.diemaerchenfee.at